Manuela Dollinger

Wissen wirksam weitergeben

D1731270

Manuela Dollinger

Wissen wirksam weitergeben

Die wichtigsten Instrumente für Referenten, Trainer, Moderatoren

orell füssli Verlag AG

Für Tobias

Die Autorin ist unter folgender Adresse erreichbar:
Manuela Dollinger
Balserstraße 8
D-86899 Landsberg a. L.

Mail: Manuela.Dollinger@t-online.de
www.wmt-dollinger.de

© 2003 Orell Füssli Verlag AG, Zürich
www.ofv.ch
Alle Rechte vorbehalten

Umschlagabbildung: Stone (West Rock)
Umschlaggestaltung: cosmic Werbeagentur, Bern
Druck: fgb • freiburger graphische betriebe, Freiburg i. Brsg.
Printed in Germany

ISBN 3-280-05023-5

Bibliografische Information der Deutschen Bibliothek
Die Deutsche Bibliothek verzeichnet diese Publikation in der Deutschen
Nationalbibliografie; detaillierte bibliografische Daten sind im Internet
über *http://dnb.ddb.de* abrufbar.

Inhalt

1. Das Wichtigste am Anfang

Lernen ist messbar an der Veränderung der Art, wie wir denken und handeln.

JOSEPH O´CONNOR

Das Buch entstand auf der Basis meiner langjährigen Erfahrung in der Ausbildung von firmeninternen Trainern und Moderatoren. Vorab möchte ich klären, was Sie von den folgenden Kapiteln erwarten können und was nicht.

Es gibt zwei Arten von Dozenten:
* die einen, die an ihrer Selbstdarstellung arbeiten, um die Lernenden nachhaltig von sich zu beeindrucken, und
* die anderen, die ihre pädagogische Kompetenz erweitern, um nicht nur zu glänzen, sondern im Sinne der Lernziele etwas zu bewirken.

Die Gefahr der Selbstdarsteller besteht darin, dass sie die Inhalte überstrahlen. Sie brauchen viel Zeit und Raum, um sich ins rechte Licht zu rücken, während die Lernenden nicht wirklich mitwachsen. Wenn Sie nur das Glänzen lernen möchten, empfehle ich Ihnen eine andere Lektüre.

Das vorliegende Selbstlern-Buch richtet sich an die anderen Dozenten, die sich und ihre Arbeit ganz in den Dienst der lernenden Menschen und deren Förderung stellen. Hier sind Sie richtig, wenn es Ihnen darum geht, einen Rahmen zu schaffen, in dem mit Spaß und Begeisterung effektiv und effizient gelernt wird und den Teilnehmern der Lerntransfer in die Praxis gelingt.

Dieses einführende Kapitel 1 eröffnet Ihnen sozusagen die Welten der anderen Kapitel. Hier erfahren Sie,

* was Wissen wirksam Weitergeben bedeutet (1.1.),
* was und wie Sie aus dem Buch lernen (1.2.) und
* wodurch sich die begehrtesten Dozenten von den mittelmäßigen wirklich unterscheiden (1.3.).

Viel Spaß beim Lesen!

1.1 Das Wissen wirksam weitergeben

Gleich zu Beginn eine Definition, die für das Verständnis der folgenden Inhalte von Bedeutung ist. Es geht um den zentralen Begriff «Wissen», der in der Alltagssprache häufig mit theoretischem Faktenwissen gleichgesetzt wird. In der modernen Pädagogik wird Wissen jedoch viel umfassender verstanden:

Wissen ist ein sich ständig erweiterndes Gesamtbild von Kompetenzen und deren erfolgreiche *Anwendung* – wahrnehmbar im Denken, in der Kommunikation und/oder im Handeln.

Dazu ein Beispiel aus der Seminarpraxis:
Ein Kundenberater besucht einen Kurs zum Thema «Erfolgreicher Umgang mit Reklamationen». Ob die vielen Informationen aus dem Seminar auch zu nützlichem Wissen verarbeitet wurden, wird sich beim nächsten Anruf eines wütenden Kunden zeigen. Von Lernerfolg kann man erst dann sprechen, wenn das Gelernte in der Realität zur Anwendung kommt. Wissen bedeutet, wahrnehmbare Veränderungen in Gedanken, Worten und Taten. Im Kontakt mit dem verletzenden Kunden kann sich das wie folgt zeigen:
Der wissende Kundenberater denkt anders: Statt sich angegriffen zu fühlen, schießt ihm jetzt der Gedanke in den Kopf: «Der Kunde will seinem Ärger nur Luft machen und meint vieles nicht so.»

Der wissende Kundenberater antwortet anders: Statt dem Kunden mit seinen Rechtfertigungen ins Wort zu fallen, schweigt er, solange der Kunde brüllt, und stellt dann eine lösungsorientierte Frage, wie zum Beispiel: «Wie können wir das beheben? Was erwarten Sie jetzt von mir?»

Der wissende Kundenberater handelt anders: Statt sich auf lange Diskussionen einzulassen, zeigt der Kundenberater seinen guten Willen, indem er sich in Bewegung setzt und die Sache aus der Welt schafft.

Wissen wurde dann wirksam weitergegeben, wenn der *Lerntransfer* in die Praxis gelingt, das heißt die Lernenden später im «richtigen» Moment darauf zugreifen. Das muss das erste und wichtigste Ziel jeder Wissensvermittlung sein. Ein Dozent, der nur so genanntes *träges Wissen* produziert, das selten oder nie zur Anwendung kommt, verschwendet die Zeit seiner Seminarteilnehmer.

Das Ziel: die erfolgreiche Anwendung von Wissen

Die Entstehung von trägem Wissen kann vermieden werden, bestätigen die neuesten Erkenntnisse der pädagogischen Forschung. Wenn Sie als Wissensvermittler auch Wert darauf legen, dass Ihre Inhalte nicht nur träge in den Köpfen der Lernenden herumhängen, sondern in den entscheidenden Situationen erfolgswirksam werden, sollten Sie unbedingt weiterlesen!

1.2 Mit dem Buch erfolgreich lernen

Sie können als Leserin, als Leser an das Buch mit verschiedenen Anliegen oder Interessen herangehen. Wenn Sie sich die Kapitel chronologisch erschließen, dann finden Sie die Antworten auf die fünf häufigsten Fragen ambitionierter Wissensvermittler:

- *Wie wird effizient gelernt, das heißt schnell und viel?*
  Kapitel 2 (ab Seite 19) vermittelt, wie Sie Lernenden die Informationsaufnahme erleichtern können.

- *Wie wird effektiv gelernt, das heißt das Richtige?*
  Kapitel 3 (ab Seite 50) verrät, wie Sie sich so vorbereiten, dass das Lernangebot genau den Lernbedarf trifft.

- *Wie wird die Lernmotivation gefördert?*
  Kapitel 4 (ab Seite 77) zeigt, wie Sie mit einem gelungenen Einstieg ins Thema die Begeisterung der Lernenden wecken.

- *Wie wird die Lerngruppe integriert?*
  Das Kapitel 5 (ab Seite 100) erklärt, wie Sie das gegenseitige Kennenlernen so organisieren, dass von Anfang an ein lernförderndes Gruppenklima entsteht.

- *Wie wird der Lerntransfer in die Praxis gesichert?*
  Kapitel 6 (ab Seite 127) und Kapitel 7 (ab Seite 156) demonstrieren, wie Sie die verschiedenen Medien und Lehrmethoden zur Sicherung des Lerntransfers nutzen.

Zwischen Kapitel 1 und 7 lernen Sie Schritt für Schritt Ihre Seminare, Vorträge oder E-Learning-Module so zu gestalten, dass die fünf Eckpfeiler des Lernerfolges abgesichert werden: Effizienz, Effektivität, Lernmotivation, Lerngruppen-Klima und Lerntransfer. Das Kapitel 1 führt Sie in das Thema Wissensvermittlung ein, und das letzte Kapitel 8 bringt noch einmal das Wesentliche des gesamten Buches in einer Speedversion auf den Punkt.

Dieses anwendungsorientierte Handbuch soll für Anfänger und fortgeschrittene Wissensvermittler gleichermaßen nützlich sein: Die Anfänger finden eine systematische Einführung in das pädagogische Handwerk. Für sie macht es Sinn, die einzelnen Kapitel der Reihe nach zu lesen. Wichtige Fachbegriffe sind *kursiv* gedruckt und werden am Ende des Buches im Glossar noch einmal genau erklärt.

Wichtige Fachbegriffe werden im Glossar erklärt

Die fortgeschrittenen Wissensvermittler können jedes Kapitel einzeln vertiefen. Die Querverbindungen zwischen den acht Kapiteln werden mit dem Symbol ⇨ gekennzeichnet. Wenn Sie mehr über den Begriff mit einem Pfeil wissen möchten, dann gehen Sie einfach ins Stichwortregister. Dort finden Sie die weiteren Seitenzahlen, die ebenfalls auf die Bedeutung des speziellen Begriffes eingehen.

Begriffe mit Pfeil im Stichwortregister nachsehen

Sowohl für Anfänger als auch für Fortgeschrittene enthält das Buch viele Anwendungsbeispiele und praxiserprobte Tipps. Die Anwendungsbeispiele aus der Seminarpraxis sind im Text *mit einer Groteskschrift* von den restlichen Inhalten abgehoben. Die professionellen Tipps finden Sie gesammelt in Checklisten am Ende der jeweiligen Abschnitte und in einer verkürzten allgemeinen Übersicht im Kapitel 8. Die Checklisten sind zum einen eine gute Wiederholung, zum anderen bieten sie eine systematische Orientierung für die Konzeption und Vorbereitung von Trainingssequenzen und E-Learning-Modulen.

Anwendungsbeispiele in Groteskschrift – Tipps in Checklisten

«Wissen wirksam weitergeben» richtet sich nicht nur an hauptamtliche Lehrkräfte, Referenten und Dozenten, sondern ebenso an all die Fach- und Führungskräfte, die betriebliche Lernprozesse vor Ort begleiten. Anlässe zum Lernen gibt es viele: zum Beispiel die Einführung neuer Technologien, Umorganisationen oder innovative Projekte. Wissen ist in der Wirtschaft längst als Erfolgsfaktor Nummer eins anerkannt. Doch nur ein professionelles Geben und Nehmen zwischen den einzelnen Wissensträgern kann den Wettbewerbsvorteil sichern.

Um zu überprüfen, was Sie persönlich beim Lesen dieses Buches gelernt haben, finden Sie im letzten Abschnitt 8.3. (ab Seite 199) einen *Selbst-Test* mit Fragen zu den verschiedenen Kapiteln. Hier können Sie Ihre pädagogische Kompetenz an Hand von Wissensabfragen, Verständnis-, Bewertungs- und Transfer-Fragen feststellen. Sollten Sie eine Frage selbst nach dem gründlichen Durcharbeiten eines Kapitels nicht beantworten können, finden Sie die Lösung auf folgender Website: www.wmt-dollinger.de.

Ab Seite 199 ein Selbst-Test für Ihren Lernerfolg

Der Selbst-Test kann Ihnen auch als Entscheidungshilfe dienen, bevor Sie ein Kapitel lesen. Wenn Sie bereits alle Antworten auf die Fragen kennen, sollten Sie das Kapitel einfach überspringen und Ihre Zeit lieber für die Abschnitte nutzen, die Sie wirklich weiterbringen.

Bevor Sie nun weiterlesen, sollten Sie noch einen Moment innehalten. Überlegen Sie es sich gut, ob Sie wirklich hinter die Kulissen erfolgreicher Lernprozesse schauen wollen. Denn das bringt zwei unangenehme Dinge mit sich.

Erstens: Wenn Sie wissen, wie es besser geht, können Sie nie mehr ohne schlechtes Gewissen eine mittelmäßige Vorstellung als Referent, Dozent oder Trainer abliefern.

Und zweitens: Es wird für andere Dozenten enorm schwierig, Sie als Lernende zufrieden zu stellen. Sie werden in Zukunft nicht nur die dargebotenen Inhalte beurteilen, sondern stets nach der *pädagogischen Kompetenz* Ihrer Kollegen suchen. Da mag so manche herbe Enttäuschung vorprogrammiert sein.

Also denken Sie noch mal nach und entscheiden Sie sich bewusst für oder gegen das Weiterlesen, denn ab hier ist wirklich keine Umkehr mehr möglich!

Warnung: Point of no return! Keine Umkehr möglich!

1.3 Das Geheimnis begehrter Dozenten

Es gibt Dozenten, die schaffen es, bei den Teilnehmern ihrer Seminare heiß begehrt zu sein und zugleich ihr Wissen effektiv, effizient und wirksam weiterzugeben. Die Frage ist, was ihre überdurchschnittlichen Erfolge ausmacht?. Was unterscheidet die «Besten» wirklich von den mittelmäßigen Dozenten?

Das kann nicht so einfach beantwortet werden, denn viele Wege führen bekanntlich nach Rom, und die Gemeinsamkeiten der Besten springen nicht gleich ins Auge. Dafür lässt sich umso leichter herausfinden, was wir als Erfolgsgeheimnis ausschließen können:

- Das Geheimnis ist ganz sicher nicht das Aussehen, denn es gibt berühmte Referenten, die mit einem alten ausgebeulten Jogging-Anzug auf die Bühne gehen und Standing Ovations ernten.
- Es ist ganz sicher nicht das rhetorische Geschick, denn viele namhafte Dozenten sprechen zu schnell.
- Ebenso wenig kann es an der vollkommenen Körpersprache liegen, denn auch einige der begehrten Semi-

narleiter stehen mit verschränkten Armen oder haben die Hände in den Hosentaschen.

- Und es liegt auch ganz sicher nicht an der Persönlichkeit, denn unter den «Besten» gibt es unscheinbare graue Mäuse genauso häufig wie Charismatiker.

Erfolgreiche Trainer unterscheiden sich wie andere Menschen auch: Es gibt Dominante und Partnerschaftliche, Aggressive und Harmoniebedürftige, Introvertierte und Extrovertierte und so weiter. Aber ein Unterschied ist tatsächlich erfolgsrelevant: Er liegt in der mehr oder weniger vorhandenen *pädagogischen Kompetenz* der Dozenten, das heißt ob sie wissen, wie

- effektiv und effizient gelernt wird,
- die Lernmotivation gefördert,
- die Lerngruppe integriert und
- der Lerntransfer gesichert wird.

Dieses Know-how ist ganz sicher hilfreicher als Charisma auf dem Weg in die Ruhmeshalle der Besten.

Pädagogische Kompetenz als solide Basis des Erfolgs

Wenn Sie das pädagogische Handwerk beherrschen, haben Sie eine gute Ausgangsbasis für überdurchschnittliche Erfolge. Aber das reicht bei weitem nicht. Wie sonst könnte man sich erklären, dass bei gleicher pädagogischer Qualifizierung der eine Trainer mehr und der andere Coach weniger erreicht?

Wie soll man zum Beispiel verstehen, dass ausgerechnet jener Dozent an der Universität den größten Zulauf hat, der aussieht wie ein Penner, rhetorisch ungeschickt ist, völlig unstrukturiert vorgeht und kein einziges Medium benutzt? Dieser heiß Begehrte erzählt «nur» über seine aktuellen Studien, und dennoch hängen die Studenten mit leuchtenden Augen an seinen Lippen.

Die Erklärung ist einfach: Er war der Beste, weil er sein Fachgebiet und seine Arbeit mit den Studenten über alles liebte. Er berichtete mit so viel Liebe und Begeisterung von seinen Studien, als ob es nichts Spannenderes auf der Welt gäbe. Und er beantwortete die Fragen der Studenten mit so viel Wertschätzung und Geduld, als ob er alle Zeit der Welt für sie hätte. Außerdem diskutierte er leidenschaftlich gern mit ihnen und vermittelte das Gefühl, durch ihre Fragen auch selbst zu ganz wertvollen Einsichten zu kommen.

Geheimnis Nr. 1:
Die Liebe zum Thema, zur Aufgabe und zu den Menschen

Ein Dozent, den sein Thema langweilt und der seine Lernenden für dumm hält, wird niemals überdurchschnittliche Erfolge erzielen – egal, wie gut er sein pädagogisches Handwerk versteht. Eine perfekte Technik ist das eine, aber ohne Herz bleibt auch sie ohne Wirkung. Menschen sind immer dann erfolgreich, wenn sie etwas sehr gerne tun. Je mehr Sie, liebe Leserin, lieber Leser, in der Lage sind, Ihre Aufgabe und die Teilnehmer zu lieben, desto mehr können Sie bewirken – denn die größte Kraft der Veränderung ist und bleibt nun einmal die Liebe.

Die nächsten beiden Erfolgsgeheimnisse hängen ganz eng mit dem ersten zusammen: Es ist das Selbstverständnis der Dozenten und ihr Menschenbild. Warum wird jemand Trainer, Lehrer oder Ausbilder? Die meisten Menschen haben große Angst davor, vor Gruppen zu sprechen. Denn wer sich nach vorne stellt, bringt sich in Gefahr: Er kann sich blamieren, angegriffen oder abgelehnt werden. Wer es dennoch freiwillig riskiert, muss einen gewichtigen Grund dafür haben. Von Vorteil für alle Beteiligten ist es, wenn das Motiv der

Dozenten die Liebe ist – zum Thema, zur Aufgabe und zu den Lernenden.

Schwierig wird ein Lernprozess dann, wenn der Dozent sich von Ichbezogenen Motiven leiten lässt, wie Macht, Selbstdarstellung oder finanzielle Erfolge. Es gibt Trainer, die ihr pädagogisches Handwerk hervorragend beherrschen und dann von einer Bühne aus mit Hunderten von Teilnehmern arbeiten. Bei derartigen Veranstaltungen kann es nicht um die Lernenden gehen! Das ist vielleicht noch gutes Entertainment, aber sicher keine verantwortungsvolle Arbeit mit Menschen. In Verantwortung steckt das Wort Antwort. Wer Verantwortung übernimmt, muss nach der Definition von Hans Jonas (1988) auch in der Lage sein, auf die Bedürfnisse seines Gegenübers zu antworten. Wie soll das funktionieren, wenn der Trainer auf der Bühne die einzelnen Menschen nicht einmal genau sehen kann?

Das bedeutet nicht, dass Trainer die absolute Verantwortung für ihre Lernenden haben. Sie sind verantwortlich für die Qualität ihres Lernangebotes, wie ein Gastgeber für die Auswahl der Speisen. Sie sind auch verantwortlich für die Sicherheit und das Wohlbefinden der Teilnehmer, solange sich diese in ihrer «Obhut» befinden, aber nicht dafür, ob die Teilnehmer das Lernangebot annehmen oder wie sie es nutzen.

Geheimnis Nr. 2:
Das Selbstverständnis eines guten Gastgebers

Ein guter Gastgeber gibt sein Bestes, er schenkt dem Gast seine volle Aufmerksamkeit, aber er drängt ihn zu nichts. Der Gast kann wählen und selbst entscheiden, was er möchte und wie viel davon. Nur eines sollte auch ihm klar sein: Einladungen beruhen auf Gegenseitigkeit. Jeder Gastgeber freut sich, wenn der Gast sich gut benimmt und in irgendeiner

Form einen Ausgleich schafft – ob durch eine gut erzählte Geschichte oder die angebotene Mithilfe beim Abwasch. Und genau so ist es bei jedem Lernprozess: Es sollte ein wertschätzendes Geben und Nehmen zwischen allen Beteiligten bestehen.

Ein Dozent, der sich nur in der überlegenen Geberrolle sieht, wird mit diesem Menschenbild bei den Lernenden keine Evolutionssprünge auslösen.

Wer dagegen Menschen wertschätzend anschaut, entdeckt viele Fähigkeiten und Potenziale – und nutzt sie im Lernprozess, auch zur eigenen Entwicklung.

Es gibt keine Zielgruppe, von der ein Referent nichts lernen könnte. Bedenken Sie, wie enttäuscht ein Gast ist, dessen Gastgeschenk achtlos zur Seite gelegt wird. Würdigen Sie die Fähigkeiten der Lernenden und trauen Sie ihnen einfach ganz viel zu. Dann werden Sie sich häufig nur noch wundern, was selbst in kurzen Lernsequenzen alles möglich wird!

Geheimnis Nr. 3:
Ein Menschenbild, das den Lernenden ganz viel zutraut

So einfach ist das Geheimnis des Erfolgs und doch für manche Dozenten offensichtlich unerreichbar. Viele Referenten beschäftigen sich mehr als intensiv mit ihrer Darstellung nach außen, dabei liegt die größte Chance doch in ihrem Inneren, in ihren Einstellungen und Denkhaltungen.

Doch die Liebe, das Selbstverständnis und das Menschenbild eines Dozenten brauchen Zeit, sich zu entwickeln. Wenn Sie das Geheimnis verstanden haben, ist es noch lange nicht verinnerlicht und gelebte Realität. Und weil jeder noch so weite Weg mit dem ersten Schritt beginnt, empfehle ich Ihnen die folgende Übung:

Beginnen Sie ab heute damit, Ihre Mitmenschen ins Zentrum Ihrer Aufmerksamkeit zu stellen. Schärfen Sie Ihre

Sinne, um rechtzeitig zu erkennen, was Teilnehmer oder andere Gesprächspartner im Moment von Ihnen brauchen, um sich zu entwickeln!

Zusammengefasst: Wissen wirksam weitergeben

Wissen wirksam weitergeben bedeutet ...
* das Gesamtbild an Kompetenzen erweitern
* und deren erfolgreiche Anwendung sichern,
* wahrnehmbar im Denken, im Sprechen und/oder im Handeln

Die wichtigsten Ziele bei der Wissensvermittlung sind ...
* die Effizienz: es soll schnell und viel gelernt werden,
* die Effektivität: es soll das Richtige gelernt werden,
* der Lerntransfer: das Wissen soll angewendet werden.

Pädagogische Kompetenz umfasst das Wissen ...
* wie man das Lernen erleichtert (Effizienz),
* wie man mit dem Lernangebot den Bedarf trifft (Effektivität),
* wie man einen motivierenden Einstieg findet (Begeisterung)
* wie man die Gruppe integriert (Lerngruppen-Klima),
* wie man Medien und Methoden sinnvoll nutzt (Lerntransfer)

Die Geheimnisse der begehrtesten Dozenten sind ...
* die Pädagogische Kompetenz als solide Basis des Erfolgs,
* die Liebe zum Thema, zur Aufgabe und zu den Menschen,
* das Selbstverständnis des Dozenten als guter Gastgeber,
* ein Menschenbild, das den Lernenden ganz viel zutraut,
* die Lernenden ins Zentrum der Aufmerksamkeit zu stellen.

2. Das Lernen erleichtern

Studiere die Menschen, nicht um sie auszubeuten oder zu überlisten, sondern um das Gute in ihnen aufzudecken und in Bewegung zu bringen.

GOTTFRIED KELLER

Um Wissen *effizient* weitergeben zu können, braucht ein «Lehrender» vor allem Hintergrundwissen darüber, wie Menschen Informationen am leichtesten aufnehmen und verarbeiten.

Nutzen Sie deshalb die grundlegenden Tipps aus der Lernforschung für die professionelle Planung Ihrer Vorträge, Schulungen, Seminare, Workshops oder E-Learning-Module!

2.1 Die Lerntypen bedienen

Menschen nehmen nicht mit allen Sinnen gleich gut Informationen auf. Im Laufe ihrer Lerngeschichte haben sich bei den meisten Erwachsenen bestimmte Vorlieben für die Wahrnehmung entwickelt. Bei der Spezialisierung auf einen bestimmten Wahrnehmungskanal spricht man von *Lerntypen*.

Es gibt im Wesentlichen drei Lerntypen, die in mehr oder weniger ausgeprägten Formen auftreten:
* die visuell Lernenden,
* die kinästhetisch Lernenden und
* die auditiven Lerner.

Das bevorzugte Wahrnehmungsorgan beim visuell Lernenden ist das Auge, beim Auditiven das Ohr. Beim Kinästheten haben wir die Haut (Fühlen), die Nase (Geruch), den Mund (Geschmack) und den ganzen Körper (Tasten, Fühlen, Bewegen) zur Informationsaufnahme. Wenn Sie vor Gruppen stehen, können Sie davon ausgehen, dass alle drei Lerntypen vorhanden sind, in etwa folgender Verteilung: 46 Prozent Visuelle, 36 Prozent Kinästheten und 18 Prozent Auditive.

Bei manchen ⇨ Zielgruppen ist die Verteilung etwas anders: Zum Beispiel ist der Anteil der Auditiven bei Führungskräften, Lehrern, Therapeuten und Politikern überdurchschnittlich. Das mag damit verbunden sein, dass diese Zielgruppe mit dem Sprechen und Zuhören ihr Geld verdient. Wobei man nicht sagen kann, was zuerst da war, die Wahrnehmungsvorliebe oder der Beruf – genauso wenig wie bei der Henne und dem Ei.

Die drei Lerntypen erkennen

Sie erkennen die drei Lerntypen an folgenden Kriterien:
* an den Augenbewegungen beim Nachdenken,
* an der Mimik und Gestik und
* an der Wortwahl bzw. der Organsprache.

Der Visuelle schaut beim Erinnern nach rechts oder links oben, der Auditive hat kurze horizontale Augenbewegungen und der Kinästhet senkt den Blick, um nochmal in sich hineinzufühlen.

Die Mimik der Visuellen spielt sich überwiegend im Augen- und Stirnbereich ab. Die Auditiven haben eine eher rhythmische Gestik mit den Händen, ähnlich einem Dirigenten. Die Kinästheten erkennt man an der Häufigkeit ihrer Selbstberührungen, wie zum Beispiel sich durch die Haare fahren,

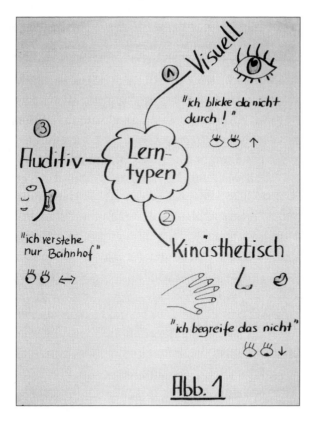

Abb. 1

am Bart oder Ohrläppchen zupfen, die Hände reiben oder mit einem Stift spielen.

Die Organsprache der Lerntypen analysieren

Das interessanteste Erkennungsmerkmal ist zweifelsohne die ⇨ Organsprache: je nach bevorzugtem Wahrnehmungsorgan werden von den Lerntypen bestimmte Lieblingswörter benutzt. Zum Beispiel sagt ein Visueller, der etwas nicht verstanden hat:

*   «Ich blicke da nicht durch. Das ist mir nicht klar.»
*   «Ich sehe da keinen Zusammenhang.»
*   «Das muss ich mir noch mal genauer anschauen.»

Die Visuellen benutzen zur Informationsaufnahme das Auge und lieben Begriffe, wie zum Beispiel: Überblick, Durchblick, schwarz sehen, einsehen, übersehen, einen Balken im Auge haben, ein Licht am Ende des Tunnels, und jede Art von bildhaften Vergleichen.

Ein Auditiver mit Verständnisschwierigkeiten würde das mit folgenden Worten sagen:

- «Ich kann es mir nicht erklären.»
- «Ich verstehe nur noch Bahnhof.»
- «Können Sie mir noch mal ein Beispiel sagen.»
- «Ich hätte da noch eine Frage.»

Der Aufnahmekanal der Auditiven ist das Ohr, und sie bevorzugen deshalb auch hörbare Begriffe, wie zustimmen, aufhören, ein Ohr leihen, fragen, verstehen, gut klingen und jede Art von Zitaten, als Extrakt gesprochener Worte.

Der körperorientierte Kinästhet gäbe im Fall von Lernproblemen wahrscheinlich Folgendes von sich:

- «Ich begreife das nicht.»
- «Ich stehe auf der Leitung.»
- «Ich kann Ihnen nicht mehr folgen.»
- «Ich habe das Gefühl, da steige ich nie dahinter.»

Die Organsprache der Kinästheten ist am vielfältigsten, denn wir haben die Nase, die Haut, den Geschmack und den ganzen Körper im Boot. Die folgenden Ausdrücke sind hier sehr beliebt: «der stinkt mir», «das schmeckt mir gar nicht», «dafür habe ich einen Riecher», «das wird mir zu heiß», «geh mir zur Hand», «das will ich durchdrücken» oder «das sitze ich aus».

Aber nicht nur in der Wortwahl, sondern auch im Alltagsverhalten finden Sie Hinweise auf die bevorzugten Wahrnehmungskanäle.

Ein Selbsttest für die Lerntypenbestimmung

a) Tendenz visuell Lernender
b) Tendenz auditiv Lernender
c) Tendenz kinästhetischer Lerner

Welche Art von Filmen bevorzugen Sie?
a) Filme mit herrlichen Landschaftsbildern und auffälligen Farben,
b) Filme mit witzigen, spritzigen oder tiefgründigen Dialogen,
c) echtes Gefühlskino oder Action-Movies.

Beim Autokauf, was überzeugt Sie am meisten?
a) wenn die Farbe und das Design schön ist, der Lack glänzt,
b) wenn der Motor gut klingt und die Stereoanlage 1A ist,
c) eine Probefahrt in bequemen Sitzen; wenn der Abzug toll ist.

Worauf legen Sie besonderen Wert im Café?
a) auf die Aussicht oder das Design der Inneneinrichtung,
b) auf nette Gespräche; auf Musik; auf Zeitungen zum Lesen,
c) auf wohlschmeckende Torten und gute Gerüche.

Wie erklären Sie einem Kollegen einen Reiseweg?
a) Sie nehmen einen Zettel und malen den Weg.
b) Sie erklären mit markanten einprägsamen Begriffen.
c) Sie fahren einmal vor ihm her, um den Weg zu zeigen.

Wie berichten Sie einem Kollegen von einem Autounfall?
a) Sie zeichnen den Hergang auf.
b) Sie erzählen das Ganze als Anekdote.
c) Sie spielen die Szene nach mit Papier, Kuli, Locher ...

Die meisten Lernenden sind Mischtypen: Sie haben einen Lieblingskanal und einen zweiten ebenfalls recht gut entwickelten Nebenkanal. Eines der drei Wahrnehmungssysteme ist in der Regel eher verkümmert.

Alle Lernkanäle öffnen durch geleitete Fantasien

Je mehr Sinne bei der Informationsaufnahme offen sind, desto effektiver ist der Lernprozess. Wollen Sie, dass Ihre Teilnehmer alle Wahrnehmungssysteme gleichermaßen benutzen, dann beginnen Sie Ihre Performance mit einer ⇨ geleiteten Fantasie bzw. mit einer *Trance*, wie die Fantasiereise von Psychologen bezeichnet wird.

Geleitete Fantasie vor Lernsequenzen

Machen Sie es sich auf Ihrem Stuhl nun ganz bequem, achten Sie darauf, dass sich Ihre Hände und Füße nicht überkreuzen und beide Fußsohlen auf dem Boden aufliegen. Sie schauen geradeaus und nehmen den Raum wahr, in dem Sie sich befinden. Sie spüren den Kontakt Ihres Körpers mit dem Stuhl und Ihrer Füße mit dem Boden und hören ganz bewusst die Geräusche Ihres eigenen Atems (30 Sekunden Schweigen).

Vielleicht sind Ihre Augen heute vom vielen Schauen schon ein wenig müde, dann dürfen Sie sie gerne schließen. Denn glücklicherweise können wir auch mit geschlossenen Augen sehen, was wir uns vorstellen. Zum Beispiel können Sie sich ein Bild von einem Haus machen, in dem Ihre fünf Sinne wohnen.

Ich lade Sie jetzt ein, sich mit geschlossenen Augen in Ihrer Fantasie von Zimmer zu Zimmer durch das Haus Ihrer fünf Sinne zu bewegen. Betreten Sie nun zuerst das Zimmer, in dem Ihr Gehör wohnt. Nehmen Sie alles wahr, womit dieser wundervolle Klangraum ausgestattet ist und machen Sie es sich hier gemütlich ... Verweilen Sie ein wenig, um zu staunen, welch wunderbare Klänge oder Geräusche oder Stimmen Sie hier hören ... und lassen Sie sich verzaubern ..., denn je länger Sie verweilen und je mehr Sie genießen, hier zu sein, desto deutlicher und klarer werden Sie ab jetzt hören. Ihre Ohren fühlen sich an, als wären sie mit warmer Luft freigeblasen und selbst von den kleinsten Schmutzpartikeln befreit.

Verlassen Sie nun den Raum Ihres Gehörs und besuchen Sie den «Aussichtsturm», in dem Ihre Sehschärfe wohnt. Nehmen Sie auch hier alles wahr und machen Sie es sich gemütlich. Verweilen Sie ein wenig, um über all die Farben und Formen in diesem Raum zu staunen ... Wenn Sie die wunderbare Aussicht genießen, werden Sie feststellen, dass auch dieser Raum auf Sie eine positive Ausstrahlung hat. Seit Sie den Raum betreten haben, können Sie deutlicher und genauer sehen als je zuvor. Ihre Augen fühlen sich so klar an wie nach dem Ausspülen mit einem warmen Zauberwasser. Selbst in weiter Ferne können Sie ab jetzt alles punktgenau erkennen.

Besuchen Sie nun mit geschärftem Blick und befreiten Ohren die Wohngemeinschaft der verbleibenden Sinne: Ihrem Gefühl, Ihrem Geschmacks- und Ihrem Geruchssinn. Diese drei Sinne bewohnen den größten Teil des Hauses. Nehmen Sie nun alles wahr, womit diese großzügigen Räumlichkeiten ausgestattet sind und machen Sie es sich auch hier gemütlich. Verweilen Sie und spüren Sie, wie sich ein wohliges Gefühl in Ihnen breit macht ... vom Scheitel bis zum Zeh. Lassen Sie sich auch betören, von den angenehmen Gerüchen und den herrlichen Gaumenfreuden, die diese Wohnlandschaft zu bieten hat.

Ganz entspannt und doch so achtsam, mit geschärftem Blick und befreiten Ohren, kehren Sie nun in Ihrer Vorstellung auf Ihren Stuhl zurück. Spüren Sie den Kontakt Ihres Körpers mit dem Stuhl und den Ihrer Füße mit dem Boden. Üben Sie nun einen ganz leichten Druck mit Ihren Füßen auf den Boden aus, nur um zu wissen, dass Sie wieder hier sind.

Bewegen Sie nun ganz leicht Ihre Zehen in den Schuhen und spannen Sie diese leicht an (3 Sekunden). Und lassen Sie wieder locker. Spannen Sie nun die Waden leicht an (3 Sekunden) und lassen Sie wieder locker. Spannen Sie nun die Oberschenkel an (3 Sekunden) und lassen Sie wieder locker. Kneifen Sie die Pobacken zusammen (3 Sekunden) und lassen Sie wieder locker. Bewegen Sie jetzt ganz leicht Ihre Finger und machen Sie mit beiden Händen eine leichte Faust (3 Sekunden) und lassen Sie wieder locker. Nun spannen Sie Ihre Fäuste fester als beim ersten Mal (3 Sekunden) und lassen wieder locker. Und nun zum dritten und letzten Mal die Fäuste anspannen, so fest Sie können (Stimme laut und fest), um die ganze Kraft zu spüren, die Sie durch diese kurze Phase der Entspannung gesammelt und für den Rest des Tages noch zur Verfügung haben (3 Sekunden).

Nun runzeln Sie die Stirn, heben die Augenbrauen, öffnen ganz langsam die Augen und nehmen die Hände wie in Zeitlupe über den Kopf. Dehnen Sie sich, gähnen Sie und strecken Sie sich. Klatschen Sie jetzt noch ganz fest in die Hände, um wieder richtig frisch zu werden.

Das Grundprinzip der geleiteten Fantasie ist die *Synästhesie*. Das bedeutet, die Verbindung oder gemeinsame Aktivierung von verschiedenen Wahrnehmungsorganen. In der geleiteten Fantasie werden abwechselnd alle Sinne angesprochen. Mal lässt man die Teilnehmer Bilder sehen, Geräusche wahrnehmen und dann wieder fühlen. Die enorme Steigerung der Lernleistungen nach einer geleiteten Fantasie erklären sich die Forscher durch das konsequente Aktivieren aller Sinnesorgane. Die Kanäle, die in der Entspannung schon einmal geöffnet bzw. trainiert wurden, sind dann auch im späteren Lernprozess aktiv.

Die drei Lerntypen im Lernprozess bedienen

Die *visuell Lernenden* bedienen Sie am besten mit
* Visualisierungen an Flipchart oder Pinnwand,
* Schaubildern an Overhead oder Beamer,
* Übersichten, Diagrammen,
* Exkursionen und Real-Life-Modellen,
* dem Einsatz von Farben zur Hervorhebung,

- Lehr-Videos oder interaktivem E-Learning,
- Hand-outs mit bildhaften Darstellungen.

Außerdem achten die Visuellen auf den Blickkontakt zum Trainer, auf dessen Aussehen, seine Standfestigkeit und seine Gesten. Sie schätzen bildhafte Vergleiche und einen permanent sichtbaren roten Faden.

Die *auditiv Lernenden* sind aufmerksame Zuhörer. Sie legen Wert auf eine gute Argumentation und Rhetorik sowie einen professionellen Stimm-Umgang. Sie schätzen
- lautere Sprache bei Betonungen,
- Sprechpausen, Nachdenken,
- langsamere Aussprache bei wichtigen Inhalten,
- leisere Aussprache, wenn der Lärmpegel in der Gruppe zu hoch wird.

Außerdem lernen die Auditiven gerne durch Diskussionen über den Lernstoff. Sie suchen das Gespräch mit dem Dozenten oder den Kollegen und möchten auf Fragen antworten. Auditive wollen nicht nur zuhören, sondern auch sprechen. Bedenken Sie das vor allem bei der Entwicklung von Sprach-Lernkassetten und E-Learning-CDs.

Am schwierigsten sind die *körperorientiert Lernenden* im Lernprozess zu erreichen. Die folgenden Lernwege für Kinästheten sind enorm zeitaufwändig:
- Learning by doing, praktische Übung, Fallbeispiele,
- Experimente und Selbsterfahrung,
- *Real-Life-Aufgaben*,
- selbst erarbeitete Inhalte.

Nicht jede Theorie kann in Praxisaufgaben umgesetzt werden. Abstrakte Inhalte werden den Kinästheten leichter zugänglich, wenn sie mitschreiben dürfen. Beim E-Learning befriedigt sie das «Anklicken» oder «Einfügen» der Antworten. Außerdem genießen sie jede Art von Bewegung im Lernprozess. Die ⇨ Gymnastik fürs Gehirn (Seite 44) wird von den Kinästheten äußerst dankbar angenommen.

Bei den Kinästheten haben Dozenten eine weitere Hürde zu nehmen: Sie sind extrem personenbezogene Lerner. Ihre Begeisterung für ein Fachgebiet steht und fällt mit dem Bezug zur Lehrkraft. Ist hier der persönliche Kontakt nicht ausreichend gut aufgebaut, werden die Lernziele nicht erreicht. Wie Sie die ⇨ Herzen Ihrer Teilnehmer gewinnen, erfahren Sie im Detail in Kapitel 4 (Seite 78).

Als Dozent gekonnt jonglieren

Am häufigsten sind in unserem Kulturkreis die visuell Lernenden vertreten. Dennoch brauchen Sie als Wissensvermittler einen Weg, der alle Lernkanäle anspricht. Die Visualisierung ist zwar ein notwendiges, jedoch nicht hinreichendes Kriterium für einen effizienten Lernprozess. Hoffentlich lesen das die vielen Fans der Folienschlachten und begeisterten Nutzer von Beamer-Präsentationen mit PowerPoint!

Als Dozent alle drei Lerntypen bedienen

Für den visuell Lernenden ist es wichtig, dass Sie ...
* den Blickkontakt mit allen Teilnehmern halten,
* eine offene den Zuhörern zugewandte Gestik einsetzen,
* mit bildhaften Gesten und Vergleichen erklären,
* *mit Visualisierungen (Medien) das Lernen erleichtern!*
* Übersichten und Lese-Orientierung an den Medien bieten.

Für den Kinästheten ist es wichtig, dass Sie ...
* eine gute Beziehungsebene zur Gruppe schaffen,
* Menschen zum Lachen bringen, unterhaltsam sind,
* *die Zuhörer aktiv mitmachen oder -schreiben lassen!*
* Gymnastik für das Gehirn integrieren,
* Spannung erzeugen, Gefühle aktivieren, begeistern

Für den auditiv Lernenden ist es wichtig, dass Sie ...
* gut hörbar (Lautstärke) sind und frei sprechen,
* angenehmes Tempo beim Sprechen haben, Sprechpausen halten,
* Wichtiges durch Modulation der Stimme betonen,
* verständliche Erklärungen abliefern,
* Anekdoten als Merkhilfe erzählen (Eselsbrücken),
* *die Zuhörer ausreichend zu Wort kommen lassen!*
* auf Fragen der Zuhörer angemessen eingehen.

2.2 Die Lernstrategien integrieren

Jeder Mensch lernt anders. Die individuell bevorzugte Vorgehensweise beim Lernen wird als *Lernstrategie* bezeichnet. Auch die bevorzugte Nutzung eines Wahrnehmungsorgans bei der Informationsaufnahme ist eine Art Lernstrategie. Jeder ⇨ Lerntyp benutzt eine andere Strategie, doch keine ist intelligenter oder besser als die andere. Am effektivsten ist ein Wissensvermittler, der wie ein Jongleur immer wieder im Wechsel alle drei Lerntypen anspricht. So ist die Chance am größten, dass die Lerninhalte von allen verstanden und behalten werden.

Die Lernforschung hat mittlerweile eine ganze Reihe von Lernstrategien herausgearbeitet. Zwei weitere sollen nun vorgestellt werden:
* das Gehirnhemisphären-Modell und
* das 4-mat-System der Lernmotivation.

Das Gehirnhemisphären-Modell als Lernstrategie

Aus der Anatomie wissen wir, dass Menschen zwei Gehirnhälften haben, die mit unterschiedlichen Speichersystemen arbeiten. Während die rechte Gehirnhälfte bevorzugt bildhaft-konkrete Informationseinheiten abspeichert, verarbeitet die linke Hemisphäre verbal-abstrakte (Worte und Zahlen). Wenn Sie zum Beispiel gebeten werden, nicht an ein Krokodil zu denken, wird trotzdem Ihre rechte Gehirnhälfte das Bild eines Krokodils in Ihrem Kopf auftauchen lassen. Das verbal-abstrakte Wörtchen «nicht» kann in diesem Speichersystem der konkreten Bilder nicht verarbeitet werden.

Aber das ist nur eine Unterscheidung von vielen. Bei den meisten Menschen (Rechtshänder) ist die linke *Gehirnhemisphäre* schwerpunktmäßig zuständig für

- verbal-abstrakte Informationsverarbeitung
- spezifisches Detailwissen
- logisch-analytisch strukturierte Vorgehensweisen
- rationale Entscheidungsfindung.

Die rechte Gehirnhemisphäre ist dagegen spezialisiert auf

- konkret-bildhafte Informationsverarbeitung
- Lernen im Gesamtzusammenhang mit Überblick
- experimentelle kreative Herangehensweisen
- intuitive Bewertungen, Empfindungen.

Die Gedächtnisleistung kann enorm gesteigert werden, wenn wir beim Lernen beide Gehirnhälften gleichzeitig benutzen. Das tun wir jedoch im Normalfall nicht. Auch hier hat sich im Laufe unserer Lerngeschichte eine bevorzugte rechts- oder linkslastige Lernstrategie eingeschlichen. Die *Mnemotechniken* wirken dem entgegen, indem sie zum Beispiel ganz bewusst verbal-abstrakte Informationen mit konkret-bildhaften verbinden.

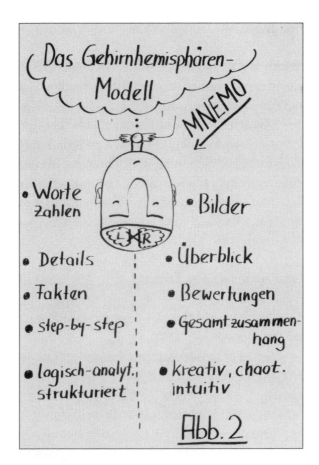

Das Gehirnhemisphären-Modell

MNEMO

• Worte Zahlen
• Details
• Fakten
• step-by-step
• logisch-analyt. strukturiert

• Bilder
• Überblick
• Bewertungen
• Gesamt zusammenhang
• kreativ, chaot. intuitiv

Abb. 2

Beispiele für den Einsatz von Mnemotechniken

- Merken der Telefonnummer der Auskunft 0 10 3 10:
  Die abstrakten Zahlen werden mit dem konkreten Bild von zwei Füßen verbunden, wobei der erste Fuß keine Zehen mehr hat (0 Zehen) und der zweite nur 3 Zehen. Damit kann man sich diese Zahl wunderbar merken.
- Merken der Telefonnummer der Auskunft 11 88 0:
  Die abstrakten Zahlen werden mit einer bildhaft gut vorstellbaren Geschichte erzählt: «Es sagt ein Matrose: 11 Bräute in 88 Häfen und 0 Heimweh.»

Wenn Sie als Dozent ebenfalls beide Gehirnhälften zur Informationsverarbeitung bemühen wollen, dann planen Sie bei der Wissensvermittlung:

- Zahlen, Worte und Bilder als Merkhilfe zu verknüpfen,
- für Details einen Überblick zu schaffen (Oberbegriff),
- Einzelaspekte mit Geschichten zu ankern,
- experimentelle kreative Lernphasen in den normalen logisch-strukturierten Ablauf zu integrieren,
- Faktenwissen mit Bewertungen zu verbinden.

Dazu ein praktisches Beispiel

So vermitteln Sie in einem Seminar die Theorie von den drei Lerntypen ganzheitlich:

Sie malen ans Flipchart ein dreiblättriges Kleeblatt (konkret-bildhaft) und schreiben auf die Blätter die Zahlen 1, 2 und 3 mit den Namen der Lerntypen (verbal-abstrakt). Danach können Sie Schritt für Schritt die drei Erkennungsmerkmale der Lerntypen nennen und visualisieren.

Nach so viel Faktenwissen wird den Lernenden eine experimentelle Selbsterfahrung ermöglicht, indem Sie Partnerinterviews zum Thema «Mein letzter Urlaub» einleiten. Bei den Erzählungen sollen die Partner gegenseitig auf die Augenbewegungen und die Organsprache achten. Sie versuchen herauszufinden, welcher Lerntyp der jeweilige Gesprächspartner ist.

Um abschließend noch Faktenwissen mit Bewertungen zu verbinden, lassen Sie die Gruppe kurz diskutieren über die Frage, welche der drei Lerntypen aus der Sicht der Dozenten am einfachsten bzw. am schwersten zu bedienen ist.

Verzichten Sie bei Visualisierungen auf zu textlastige Darstellungen. Fließtext spricht nur die linke Gehirnhälfte an und ermüdet selbst diese rasch. Bringen Sie eine Struktur in den Text, die auf einen Blick durchschaubar ist. Arbeiten Sie mit konkreten Bildern genauso wie mit Symbolen, Pfeilen und farblichen Akzenten.

Das 4-mat-System zur Lernmotivation

Lernstrategien können nicht nur die Art der Informationsaufnahme bestimmen, sondern auch die Bereitschaft zum Lernen. Haben Sie sich schon einmal Gedanken darüber gemacht, was Menschen dazu bringt, ein bestimmtes Lernangebot anzunehmen? Eine amerikanische Studie aus den achtziger Jahren hat sich mit dieser Frage beschäftigt und analysierte die Lernmotivation der Besucher von Vorträgen. Sie kam dabei auf eine Klassifikation von vier verschiedenen Zuhörer-Typen, dem so genannten *4-mat-system* (englisch gesprochen):

* die Problem-Lernenden (why-learner), die einen gewissen Leidensdruck brauchen, um in die Gänge zu kommen,
* die Zukunftslernenden (what-if-learner), die sich durch das Zuhören viele Chancen ausrechnen,
* die Info-Junkies (what-learner), die eifrige Jäger und Sammler von Informationen sind,
* die Rezept-Köche (how-to-learner), die ständig auf der Suche nach genialen Anwendungstipps sind.

35 Prozent Ihrer Zuhörer sind Problem-Lernende (why?)

Stellen Sie sich vor: Sie bieten einen Vortrag an, zum Thema «Gesunde Ernährung». Wer würde zu Ihnen kommen? Die

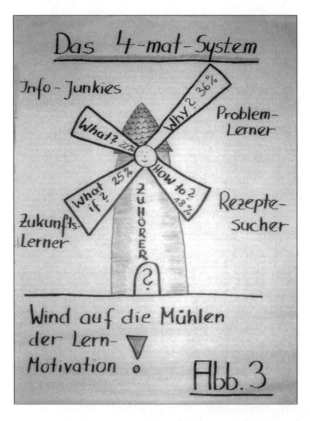

4-mat-Studie besagt, dass 35 Prozent Ihrer Zuhörer voraussichtlich nur deshalb anwesend wären, weil sie bereits von gesundheitlichen Problemen geplagt werden (wie etwa Übergewicht, Allergien, Verdauung). Viele Menschen lernen am besten, wenn es bereits irgendwo oder irgendwie wehtut. Sie lassen sich dann leicht zum Lernen motivieren, wenn sie einen unmittelbaren Nutzen für ihr aktuelles Problem erkennen.

25 Prozent Ihrer Zuhörer sind Zukunftslernende (what-if?)

Ein Viertel der Zuhörer würde den Vortrag «Gesunde Ernährung» nur dann besuchen, wenn Sie ihn mit den rosigsten Aussichten für die Zukunft ankündigen, wie zum Beispiel: «Durch gesunde Ernährung schnell zur Idealfigur» oder «Fit bleiben bis ins hohe Alter». Die zukunftsorientierten Lernenden wollen vage wissen, was sie mit dem Gelernten alles erreichen können. Sie fallen oft auf Großschwätzer und Heilsversprecher-Dozenten herein.

22 Prozent Ihrer Zuhörer sind Info-Junkies (what?)

Jeder fünfte Besucher Ihres Vortrages hat weder ein Problem noch Pläne für die Zukunft. Er oder sie ist einfach grundsätzlich an jeder neuen Information interessiert und je detaillierter, desto besser. Wissen bedeutet Vorsprung, Macht oder Kontrolle. Jede Möglichkeit, Informationen zu sammeln, zum Beispiel in Form von Skripten oder Literatur (-Listen), wird von dieser Zuhörerschaft liebend gerne wahrgenommen. Die Info-Junkies sind eigentlich sehr pflegeleichte Lerner. Sie brauchen nicht extra motiviert zu werden, wollen «nur» geballte Information: detailliertes Fachwissen in Form von zubereiteten Zahlen und Fakten.

18 Prozent Ihrer Zuhörer sind Rezept-Köche (how to?)

18 Prozent Ihrer Teilnehmer möchten gerne wissen, wie «es» geht und wie man «es» anwenden kann. Theorien werden von dieser Zuhörerschaft für langweilig und überflüssig gehalten. Wenn sie in den Vortrag «Gesunde Ernährung» kommt, dann erwartet sie genaue Ernährungspläne, Rezepte und kleine Kostproben.

Wie ein Jongleur alle vier Zuhörer-Formate bedienen

Sie können davon ausgehen, dass in Ihren Veranstaltungen immer eine Mischung der vier verschiedenen Zuhörer-For-

mate vorhanden ist. Deshalb ist es ratsam, bereits beim ⇨
Einstieg die folgenden vier Fragen zu beantworten:

* Welches Problem löst dieses Lernangebot?
* Welche Zukunftschancen ergeben sich?
* Welche interessanten Details werden geboten?
* Welche Anwendungstipps werden gegeben?

Keine der Lernstrategien bringt nur Vor- oder Nachteile. Die Chance liegt in der Integration. Wenn Sie bei der Einleitung auf ein Thema alle vier Zuhörer-Formate aktivieren, geben Sie Wind auf die Mühlen der Lernmotivation der gesamten Gruppe. Der Lernprozess wird enorm erleichtert, wenn Sie in der Lage sind, eine Lernsequenz so zu planen, dass die rechte und die linke Gehirnhälfte zusammenarbeiten. Wenn Sie außerdem noch wie ein Jongleur die visuell, auditiv und kinästhetisch Lernenden bedienen, dann dürfen Sie sich als Wissensvermittler mit Recht den Begriff ganzheitliches Lernen auf die Fahne schreiben!

Ganzheitliches Lernen planen

Alle drei Lerntypen abwechselnd bedienen ...
* Ausreichend Visualisierungen für visuell Lernende bieten
* Möglichkeiten zum Mit-Sprechen für Auditive schaffen
* Chancen zum Mitmachen, Mitschreiben für Kinästheten

Beide Gehirnhälften im Lernprozess einbinden ...
* Verknüpfung von Worten (Texten) mit Bildern
* Struktur mit Zahlen und Symbolen herstellen
* Bezug zwischen Überblick und Details herstellen
* Geschichten zur Einbindung von Details
* Faktenwissen mit Bewertungen verbinden
* Negative Anweisungen vermeiden – positiv formulieren

- Problemlösungen für die Problem-Lernenden (why?)
- Chancen für die Zukunfts-Lernenden (what-if?)
- Interessante Details für die Info-Junkies (what?)
- Anwendungstipps für die Rezept-Köche (how-to?)

2.3 Die Konzentration der Lernenden halten

Die Konzentration ist die Eintrittskarte zum Gedächtnis. Die Lernforscher sind sich einig: je höher die Aufmerksamkeit, desto effektiver der Lernprozess. Verlieren die Teilnehmer ihre Konzentration, wird das Lernen ganz subjektiv als mühevoll und anstrengend erlebt. Die Lernenden schalten ab und gehen auf Fantasiereisen, ihr Trance-Blick verrät sie. Der zeitliche Aufwand für das unkonzentrierte Lernen ist um ein Vielfaches höher.

Deshalb kann es nur im Interesse der Dozenten liegen, von Anfang an für die Erhaltung der Aufmerksamkeit alle möglichen Register zu ziehen.

Ohne Lern-Motivation keine Konzentration

Die Motivation, etwas wirklich lernen zu wollen, ist die Basis für die Konzentration. Menschen hören nur mit dem halben Ohr zu, wenn ihnen etwas nicht wichtig ist. Der Dozent kann von Glück sprechen, wenn die Teilnehmer das Lern-Angebot aus eigenem Antrieb annehmen. Für die anderen muss er oder sie erst motivierende Worte finden. In Anlehnung an das ⇨ 4-mat-System gibt es die Empfehlung, gleich vorneweg den Zuhörern die *WHID-Frage* zu erklären: «Was Habe Ich Davon?»:

- Der Problem-Lernende will wissen, welches seiner Probleme gelöst wird.

- Der Zukunftslernende will seinen ehrgeizigen Zielen ein Stück näher kommen.
- Der Info-Junkie braucht das Gefühl, mit seinem neuen Wissen alles unter Kontrolle zu haben.
- Der Rezept-Lernende möchte wertvolle Anwendungstipps erhalten.

Ein hoher Praxisbezug der Lerninhalte ist vor allem für den Problem-Lernenden und den Rezept-Lernenden ein absolutes Muss. Weitere Tipps für eine gelungene Hinführung zum Thema erhalten Sie auch im Kapitel 4 (Seite 77).

Die Lernenden nicht über- und nicht unterfordern

Jeder Dozent träumt davon, seine Zuhörer in den Flow zu bringen, das bedeutet, dass sie
- beim Lernen «Glück» empfinden,
- sich mit Freude vollkommen dem Thema hingeben,
- im Lernstoff aufgehen und gar nicht mehr merken, wie die Zeit vergeht.

Der Flow hat im Lernprozess eine äußerst günstige Wirkung. Wenn man den Glücksforschern glauben darf, dann sind in diesem Zustand sowohl die Konzentration als auch das Lernvermögen überdurchschnittlich.

Dabei dürfen die Lernenden weder über- noch unterfordert werden. Wenn die Fähigkeiten der Lernenden die Aufgabenschwierigkeit weit übersteigen, langweilen sie sich, und im umgekehrten Falle bekommen sie Angst. Beide Wirkungen behindern den Lernprozess. Am meisten Spaß haben die Lernenden bei Aufgaben, die sie fordern, aber nicht überfordern. Für den Referenten ist die Komplexität der gestellten Aufgaben eine Gratwanderung – vor allem, wenn die Lernenden nicht alle auf dem selben Stand sind.

Eine Reihe von Studien aus der Lernpsychologie konnte belegen, dass nichts so schnell ermüdet wie ein monoton gestalteter Lernprozess. Die Empfehlungen sind eindeutig:

- die ⇨ Lernkanäle V-K-A variieren,
- die ⇨ Lehrmethoden und die ⇨ Medien wechseln,
- ähnlichen Lernstoff nicht hintereinander vermitteln.

Wenn ähnliche Themen zu kurz hintereinander vermittelt werden, kommt es zum Phänomen der *retro- und proaktiven Lernhemmung:* das heißt, das früher Gelernte verhindert das Merken des später vermittelten Inhaltes oder umgekehrt. Weniger ist mehr, auch bei der Vermittlung unterschiedlicher Themen. Eifrige Dozenten müssen sich mit der begrenzten Aufnahmefähigkeit des menschlichen Gehirns abfinden. Die Lernforscher sprechen von 7 +/- 2 Informationseinheiten, die bei einmaliger Darbietung im Kurzzeitgedächtnis hängen bleiben. Deshalb muss der Lernstoff klein portioniert werden. Die Referenten sollten niemals mehr als 10 Minuten alleine sprechen. Spätestens nach 10 Minuten Zuhörzeit braucht die Gruppe Abwechslung und Aktion, zum Beispiel durch selbst Mitreden oder Mitmachen. Übrigens gilt die 10-Minuten-Regel auch für Selbstlernprogramme (E-Learning) als zeitliche Obergrenze für eine Lerneinheit.

Die 10-Minuten-Regel für Referenten-Monologe

Ebenso sollten sich Referenten auf Tagungen an die 10-Minuten-Regel halten. Präsentieren Sie stets mit der Gruppe, nicht vor ihnen. Hier ein paar Ideen, wie selbst bei Großveranstaltungen Aktivitäten in die Lerngruppe gebracht werden können:

- Sie bitten die Zuhörer, Ihre Sitznachbarn persönlich zu begrüßen und sich vorzustellen.
- Sie fordern die Zuhörer von Zeit zu Zeit auf, ihre Sitzhaltung einzufrieren und es sich dann noch bequemer zu machen.
- Sie geben Hand-outs oder Anschauungsmaterial durch die Reihen.
- Sie sammeln Bewertungspunkte ein oder machen eine Kartenabfrage mit Hilfe von Assistenten aus der Großgruppe.

Sie stellen Fragen, die …
- zum Hand heben einladen: «Wer von Ihnen hat sich mit diesem Thema bereits beschäftigt?»
- zum Antworten einladen: «Wer weiß bereits, wie die drei Lerntypen heißen?»
- in Kleingruppen kurz diskutiert werden: «Fragen Sie Ihre Sitznachbarn rechts und links, warum sie heute hier in diesen Vortrag gehen?»

Menschen sind nicht in der Lage, den ganzen Tag über ihre Konzentration konstant hoch zu halten. Deshalb ist es sinnlos, die Lernzeiten bis in die späten Abendstunden hinein auszuweiten. Wenn Sie als Trainer damit beweisen wollen, wie engagiert Sie sind, ist das in Ordnung. Aber für die Teilnehmer bringt das wenig – irgendwann sind sie am Ende. Es wurde nachgewiesen, dass die Lerninhalte ab der vierten Unterrichtsstunde kaum noch zu behalten sind. Und dass im schlimmsten Fall nicht nur kein neues Wissen dazu kommt, sondern von der dritten Stunde an rückwärts bereits Gelerntes wieder gelöscht wurde (retroaktive Hemmung).

Bevorzugt halbtägige Lernsequenzen planen

Halbtägige Lernsequenzen sind effektiver, als ganztägige. Wenn jedoch ein Thema nicht so klein portioniert werden kann, dann ist ein effektives Pausen-Management die einzige Rettung für die Erhaltung der Konzentration.

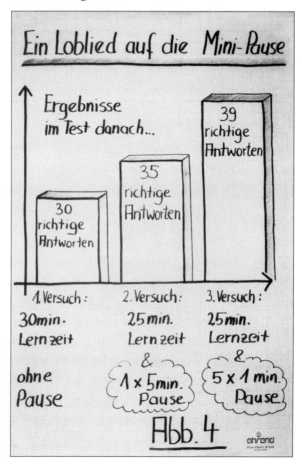

Pausen-Management gezielt einsetzen

Nach drei Stunden Wissensvermittlung brauchen die Lernenden eine längere Pause, um wieder aufnahmefähig zu werden. Empfohlen wird eine Mittagspause von 90 Minuten.

Nehmen Sie es nicht persönlich, wenn Ihre Teilnehmer nach 15 bis 20 Minuten bereits einen müden oder unaufmerksamen Eindruck machen. Das muss nichts mit Ihrer Performance zu tun haben. Menschen haben eine *natürliche Intervall-Schwäche* bei der Aufnahme und Verarbeitung von Informationen. Alle 15 bis 20 Minuten durchschreiten wir ein mehr oder weniger tiefes Tal unserer Aufmerksamkeit. Um die Konzentration auf einem hohen Level zu halten, empfehlen die Lernforscher folgende Pausengestaltung:

- nach 30 Minuten Lehrzeit eine bis fünf Minuten Minipause,
- nach 90 Minuten Lehrzeit 15 bis 20 Min. Trinkpause,
- nach 3 Stunden 90 Minuten Erholungspause mit Essen und Ruhen oder Schlafen oder Bewegung.

Auf den Bio-Rhythmus der Teilnehmer achten

Es gibt Phasen im Tagesablauf, in denen die Teilnehmer ihre Aufmerksamkeit leichter halten können, wie zum Beispiel am Vormittag und am späteren Nachmittag. In der Mittagsphase haben alle ein mehr oder weniger ausgeprägtes Leistungstief. Am frühen Morgen braucht das Gehirn eine gewisse Anlaufzeit. Intellektuell anspruchsvolle Themen sollten am Vormittag abgearbeitet werden. Nach der Mittagspause eignen sich Übungen, die das am Vormittag Gelernte vertiefen. Ab 18 Uhr nimmt die Aufnahmefähigkeit rasant ab. Und irgendwann müssen wir schlafen, um am nächsten Tag wieder fit sein zu können. Dieser wellenförmige Leistungskurvenverlauf mit einem Höhepunkt am Vormittag und einem kleineren Gipfel am späteren Nachmittag gilt mehr oder weniger ausgeprägt für alle Menschen gleich.

Natürlich kann die individuelle Leistungskurve zeitlich nach vorne oder nach hinten verschoben sein. Die Bio-Rhythmus-Experten teilen die Menschen in Lerchen und Eulen. Die Lerchen stehen gerne früh auf, sind absolut fit am Morgen und haben bereits am frühen Nachmittag ihre Leistungsgrenzen erreicht. Die Eulen kommen erst am späten Vormittag so richtig in Fahrt und halten dafür abends länger durch. Manche Berufsgruppen sind durch ihre üblichen Arbeitszeiten zu Lerchen oder Eulen geworden. Es ist eher unwahrscheinlich, unter den Bäckern viele Eulen zu finden oder unter Barkeepern viele Lerchen.

Wenn Sie wissen, wann Ihre ⇨ Zielgruppe üblicherweise das Arbeiten beginnt, dann können Sie Ihre Seminarzeiten darauf ausrichten. Planen Sie die Lernsequenz mit dem Tagesablauf:

* Lernen am Vormittag ist effektiver als am Nachmittag;
* nach der Mittagspause aktive Übungen planen;
* den Seminar-Beginn auf die Zielgruppe anpassen;
* die Lernphase spätestens um 19 Uhr beenden.

Die beste Nahrung fürs Gehirn

Sorgen Sie in den Pausen für Frischluftzufuhr, denn das Gehirn braucht zum Arbeiten Sauerstoff. Animieren Sie die Teilnehmer zum Wasser und Tee statt Kaffee Trinken. Im Labor wurde nachgewiesen, dass Kaffee nur die körperliche Leistungsfähigkeit steigert. Kaffee ist Doping für den Körper, und den richtigen Kick für den Geist bringt grüner oder schwarzer Tee (kurz ziehen lassen). Darüber hinaus sind Wasser und Obst die beste Nahrung für das Gehirn. Wer lernt, hat einen erhöhten Flüssigkeits- und Zuckerbedarf.

Schwere, fette Speisen belasten die Gehirntätigkeit, da der Organismus mit Verdauen beschäftigt ist. Missionieren Sie als Dozent ruhig ein wenig!

Wachmacher aus der Edu-Kinästhetik einsetzen

Die Edu-Kinästhetik als angewandte Gehirnforschung entwickelte das so genannte *Brain-Gym* oder die Gymnastik fürs Gehirn. Mit bestimmten Körperübungen oder Massagen werden Lernblockaden bei Schulkindern abgebaut. Der Nachweis ist längst erbracht, dass Brain-Gym nicht nur Konzentration und Gedächtnisleistung steigert, sondern auch die Intelligenz fördert.

Was sich bei Jugendlichen bewährt hat, nützt auch in der Erwachsenenbildung. Je theoretischer, «trockener» das Fachgebiet ist, in dem Sie Wissen vermitteln wollen, desto notwendiger brauchen Ihre Zuhörer Wachmacher aus der Edu-Kinästhetik.

Gymnastik fürs Gehirn

- *Simultan-Zeichnen:* Malen Sie mit beiden Händen gleichzeitig ein symmetrisches Muster wie einen Tannenbaum.
- *Die liegende Acht:* Malen Sie mit ihren beiden Händen gleichzeitig eine liegende Acht (∞) in der Luft. Mit beiden Händen gleichzeitig außen beginnen und in der Mitte der liegenden Acht die Arme kreuzen lassen. Die Mitte der liegenden Acht ist auf der Höhe, wo die Nasenspitze hinzeigt. Bei der Übung sehen Sie aus wie ein Dirigent.
- *Auf dem Rücken schreiben:* Schreiben Sie mit dem Finger bei Ihrem Sitznachbarn ein beliebiges Wort auf den Rücken, Buchstabe für Buchstabe nacheinander. Der Sitznachbar schweigt und sagt am Ende das ganze Wort.

- *Auf der eigenen Stirn schreiben:* Nehmen Sie eine Karte an die Stirn und schreiben Sie darauf Ihren Namen. Wenn Sie sich nicht konzentrieren, dann wird der Name in Spiegelschrift erscheinen. Die höchste Aktivierung für das Zusammenspiel unserer Gehirnhälften ist jedoch, wenn Sie ganz bewusst nicht in Spiegelschrift schreiben. Also noch mal versuchen!

- *Mehl abklopfen:* Stellen Sie sich vor, ein Mehlsack wurde über Sie ausgekippt und Sie klopfen sich jetzt aus. Beginnen Sie mit den Haaren, über das Gesicht, dann die linke Schulter außen entlang den Arm ausklopfen bis zum Handrücken, danach die Hand umdrehen und innen am Arm wieder zur Schulter zurück klopfen. Genauso die rechte Schulter und der rechte Arm. Danach weiter den Bauch und den Hintern abklopfen. Dann sollten sich die Lernenden gegenseitig den Rücken ausstauben. Nun wieder selbst klopfen, die Beine außen entlang nach unten zu den Füßen und von unten innen entlang nach oben.

- *Asymmetrische Über-Kreuz-Bewegungen:* Die Teilnehmer spielen Supermann: Rechter Arm wird im Wechsel nach vorne gestreckt, linker Fuß nach hinten. Dann rechter Ellbogen zum linken Knie und linker Ellbogen zum rechten Knie, wie in der Ski-Gymnastik.

- *Asynchrone Bewegungen:* Ein Höchstmaß an Aktivierung bieten asynchrone Bewegungen, wie zum Beispiel, wenn die eine Hand auf den Kopf klopft, während die andere dabei auf dem Bauch kreisförmige Bewegungen macht. Wer kann, macht mit dem Fuß noch eine Vor- und Zurück-Bewegung.

- *Die Eule:* Rechter Arm hält linke Schulter fest. Dann wie eine Eule ganz langsam den Kopf erst nach links, dann nach rechts drehen. Arm wechseln und wieder den Kopf im Raum schwenken. Diese Übung hilft auch bei Verspannungen im Nackenbereich.

- *Arm-Aktivierung:* Messen Sie die Länge Ihrer Arme, wenn Sie beide nach vorne strecken. Dann nehmen Sie einen Arm nach oben und strecken ihn so hoch, als wenn Sie Kirschen pflücken würden. Der andere Arm hält den Oberarm inzwischen hinter dem Kopf. Dann wieder Arme messen. Arme wechseln, so lange, bis sie wieder gleich lang sind. Diese Übung ist sehr gut, wenn intensiv auf einer PC-Tastatur geschrieben werden muss.

Neben Bewegungsübungen gibt es in der Edu-Kinästhetik auch die Empfehlung, bestimmte Punkte an unserem Körper zu berühren oder leicht zu massieren. Die theoretische Basis ist die gleiche wie bei der Akupunktur, die mittlerweile sogar in der Schulmedizin anerkannt ist.

Akupressur für neue Energien

- *Zur Steigerung der Konzentration:* Dreimal herzhaft gähnen und dabei die Wangen (Ober- und Unterkiefer) entlang massieren. Oder dreimal die Ohren ausstreichen von oben nach unten und von innen nach außen. Oder so tun, als würde man die Hände ganz ausgiebig eincremen.
- *Innere Balance zum Lernen:* Auf einem Bein balancieren mit geschlossenen Augen, dann eine Hand an den unteren Hinterkopf legen, die andere liegt auf dem Nabel. Bein wechseln.
- *Aufmerksamkeit steigern:* Eine Hand massiert Ober- und Unterlippe gleichzeitig in horizontalen Bewegungen. Zeigefinger massiert die Oberlippe, Daumen die Unterlippe. Die andere Hand hält hinten am Rücken das Steißbein. Dabei mit den Blicken bei geradem Kopf langsam einmal vertikal und einmal horizontal den Raum streifen.
- *Stressabbau:* Eine Hand hält die Stirn (nahe am Haaransatz), die andere den unteren Hinterkopf (auf den Haaren, vor dem Nacken). Noch entspannender ist diese Übung, wenn die Teilnehmer sich gegenseitig (abwechselnd) den Kopf halten.

Die Gymnastik fürs Gehirn und die Akupressur eignen sich für den Wiedereinstieg nach den Pausen. Wenn das als Ritual eingeführt ist, freuen sich die Teilnehmer schon, wenn es wieder weitergeht. Es gibt keine Zielgruppe, mit der derartige Übungen nicht durchgeführt werden könnten. Dem Gehirn des Vorstandes bekommt die Edu-Kinästhetik genauso gut wie dem des Maschinenbedieners. Wichtig ist, dass Sie als Dozent sich erst selbst von der Wirkung überzeugen und bei der ersten Übung die Teilnehmer über die Wirkung und den Nutzen aufklären.

Konzentrationsspiele

* *99 Luftballons:* Zur Steigerung der Konzentration können auch Jonglier- oder andere Ballspiele dienen. Viel Bewegung kommt in die Gruppe, wenn die Teilnehmer sich drei oder gar mehr Bälle gleichzeitig zuwerfen. Oder wenn viele Luftballons (1,5 Mal so viele wie Lerner) von den Teilnehmern in der Luft gehalten werden sollen. Zwei weitere witzige Konzentrationsspiele folgen.
* *Das chinesische Knobelspiel:* Die Gruppe wird in zwei Sub-Teams geteilt. Beim chinesischen Knobel-Spiel gibt es drei Möglichkeiten:
  der Löwe,
  der Greis und
  der Samurai.

Jede Gruppe entscheidet sich heimlich für eine Variante und muss sie dann auf den Gongschlag schauspielernd darstellen (Löwe brüllt und faucht, der Greis ist gebückt und zittert und der Samurai zieht sein Schwert). Die Gewinner werden wie folgt ermittelt:
* der Löwe frisst den Greis,
* der Samurai tötet den Löwen und
* vor dem Greis muss sich der Samurai verbeugen.

Nach drei Durchgängen wird die Gewinnergruppe mit einem kleinen Preis belohnt.

- *Die Anleitung zum Gehen:* Einer bekommt den Ball und darf für alle Teilnehmer die Regieanweisung geben, wie durch den Seminarraum gegangen werden soll (zum Beispiel im Storchengang, auf einem Bein hüpfend, auf Zehenspitzen, Fersengang, langsam dahinschleichen wie in Zeitlupe ...). Nach ein bis zwei Minuten wirft er den Ball weiter, und der Nächste gibt die Regieanweisung.

Mit geleiteten Fantasiereisen zur Höchstform

Zuerst die Arbeit und dann das Vergnügen? Die Versuche mit geleiteten ⇨ Fantasiereisen oder *Trancen* bestätigen genau das Gegenteil. Die Lernenden behalten deutlich mehr, haben innovativere Ideen und ein besseres Verständnis für komplexe Themen, wenn sie vorab 5 bis 10 Minuten entspannen. Nach einer geleiteten Fantasie sind die Teilnehmer wieder frisch und ihr Gehirn aufnahmefähig wie ein Schwamm.

Die Konzentration der Lernenden halten

Ohne Lern-Motivation keine Konzentration ...
- Alle vier Zuhörerformate in der Einleitung ansprechen
- Die WHID-Frage der Zuhörer klären: Was habe ich davon?
- Die Lernenden nicht über- und nicht unterfordern

Abwechslung als Basis der Konzentration ...
- Lern-Kanäle VAK wechseln sowie Methoden und Medien
- Keine ähnlichen Lerninhalte hintereinander vermitteln
- Das 10-Minuten-Limit für Referenten-Monologe einhalten
- Wechsel von Passivität (Zuhören) und Aktivität (Mitmachen)

Pausen-Management für die Konzentration ...

- Halbtägige Lernsequenzen sind effektiver als ganztägige
- Nach 3 Std. Lernzeit 90 Min. Erholungspause
- Nach 30 Min. Lernzeit eine Mini-Pause von 1–5 Min.
- Nach 90 Min. Lernzeit 15–20 Min. Trink-/Ess-Pause
- Der Vormittag ist die beste Lernzeit; nachmittags aktiv üben
- Wasser, Tee und Obst sind die ideale Gehirnnahrung

Wachmacher als Doping für die Konzentration ...

- Gymnastik fürs Gehirn (Edu-Kinästhetik), Akkupressur
- Konzentrations- und Bewegungsspiele
- Geleitete Fantasien (Trancen)

3. Die notwendige Vorbereitung

Sagte die Eule enttäuscht: «Jetzt bin ich extra von so weit hergekommen, um die hohe Kunst des Mäusefangens zu vermitteln. Und keines dieser dummen Karnickel hört mir zu!»

MATTIAS VARGA VON KIBÉD

An der Art und dem Umfang der Vorbereitung unterscheiden sich die professionellen Wissensvermittler von den Liebhabern der Trainerei. Die Profis bieten keine Standard-Seminare, Workshops oder Vorträge. Sie richten ihr Lernangebot genau an ihren «Kunden» aus. Und das braucht viel Zeit und Engagement für die Vorbereitung. Denn nur wenn genau «das Richtige» vermittelt bzw. gelernt wird, kann man von Effektivität in einem Lernprozess sprechen.

Investieren Sie üppig in die Vorbereitung, denn es lohnt sich für Sie, die Teilnehmer und die Auftraggeber!

3.1 Die Zielgruppe analysieren

Woher wollen Sie wissen, wie Sie Ihre potenziellen Zuhörer für ein Thema gewinnen, wenn Sie sich nicht vorab gründlich mit ihnen beschäftigt haben? Noch bevor Sie einen Vortrag oder ein Seminar vorbereiten, brauchen Sie möglichst detaillierte Informationen über die Zielgruppe. Es gibt viele Wege, sich die zu beschaffen:

* arbeiten Sie einen Tag mit der Zielgruppe mit,
* befragen Sie die Kunden der Zielgruppe,
* befragen Sie die Führungskräfte der Zielgruppe,

- befragen Sie die Mitarbeiter über die Leitenden,
- befragen Sie die Zielgruppe selbst (einige Vertreter),
- filmen Sie die Zielgruppe bei ihrer Tätigkeit.

Sie können die Zielgruppe mündlich oder mit einem Fragebogen erforschen, anonyme oder personenbezogene Daten sammeln, systematisch-standardisiert oder unstrukturiert vorgehen.

Kontakte zur Zielgruppe im Vorfeld sind ein Muss

Was wäre für Sie als Dozent eigentlich das Schlimmste im Fall mangelnder Vorbereitung? Vielleicht, wenn die Zuhörer mit einem gewissen Leidensdruck kommen und durch Ihr Angebot keine Erleichterung erleben? Auf jeden Fall würde Ihnen das im Ernstfall das (Über-)Leben im Kurs sehr schwer machen. Die Gefahr ist hier groß, von hartnäckigen Dauerfragern zerlegt zu werden. Es ist folglich mehr als hilfreich, wenn Sie die Konzeption auf die aktuellen Probleme der Lernenden abstimmen.

Manchmal haben die Teilnehmer zwar keinen Leidensdruck, aber dafür einen *blinden Fleck* in Bezug auf ihren Lernbedarf. Sie wurden in eine Veranstaltung geschickt, wobei sie selbst davon ausgehen, bereits «alles richtig zu machen». Dementsprechend unmotiviert werden sie dem Referenten begegnen. Das sollten Sie vorab wissen, um die Zielgruppe sicher und überzeugend zum Thema hinzuführen.

Bewussten und unbewussten Lernbedarf erkennen

Es gibt Zielgruppen, die sind sich ihrer Probleme sehr bewusst und können ihren Lernbedarf ganz klar definieren. Hier eignen sich zur Lernbedarfsanalyse vage formulierte, offene Fragestellungen, wie zum Beispiel:

- «Welche Fragen möchten Sie geklärt wissen?»
- «Welche Ziele haben Sie?»

Je weniger sich die Lerngruppe unter dem geplanten Thema etwas vorstellen kann, desto sinnvoller ist eine konkrete, detaillierte Vorabfrage. Mit Hilfe standardisierter Fragebögen können die gewünschten Schwerpunkte der jeweiligen Zielgruppe genau ermittelt werden. Die Antworten sind für die Seminar-Vorbereitung von großem Nutzen.

So sieht eine Lernbedarfsanalyse in der Praxis aus

Sie haben sich zum Seminar Zeitmanagement gemeldet. Wir wollen uns optimal auf Ihre speziellen Bedürfnisse vorbereiten. Bitte kreuzen Sie die 5 wichtigsten Fragen an:

Wie erkenne und vertreibe ich Zeitdiebe?	☐
Wie lerne ich zu delegieren und wenn nötig Nein zu sagen?	☐
Wie kann ich besser vorplanen?	☐
Wie behalte ich den Überblick über meine Aktivitäten?	☐
Wie setze ich Prioritäten?	☐
Wie kann ich Stress reduzieren?	☐
Wie motiviere ich mich selbst zu ungeliebten Aufgaben?	☐
Wie arbeite ich bewusster an der Erreichung meiner Ziele?	☐
Wie bewältige ich die tägliche Informationsflut?	☐
Wie organisiere ich meinen Schreibtisch/Arbeitsplatz?	☐
Wie halte ich meine Konzentration/Leistungsfähigkeit?	☐
Sonstiges: _____	☐

Neben der Lernbedarfsklärung ist die Lernmotivation der Zielgruppe auszuloten. Überlegen Sie sich, was Ihre Zielgruppe am geplanten Thema locken könnte. Nach dem ⇨ 4-mat-System (Seite 33) gibt es vier Gründe, die Menschen ganz allgemein zum Lernen bringen:

* es gibt ein akutes Problem,
* es gibt ein attraktives Ziel,
* es besteht der Wunsch nach Wissen als Macht,
* es besteht der Wunsch nach Tipps zur Optimierung.

Das Herausfinden, wo der Schuh bei der Zielgruppe wirklich drückt, ist für die Lernbedarfsermittlung und die Lernmotivation gleichermaßen wichtig. Fragen Sie danach, welche typischen Schwierigkeiten es im Arbeitsbereich gibt, welche Misserfolge die Zielgruppe bedrücken und welche Zwänge und Hindernisse einem Lernerfolg im Weg stehen könnten.

Die Lernenden bei ihrer Eigenmotivation abholen

Die vier Lernmotivationen können Sie für jede Einstimmung oder Überleitung auf ein bestimmtes Thema verwenden. Auch überzeugende Ausschreibungen von Seminaren folgen dem Prinzip. Die Frage ist stets, warum sollen bestimmte Zielgruppen ausgerechnet dieses Lernangebot annehmen? Und warum könnten sie es möglicherweise ablehnen?

So sprechen Sie die vier Lernmotivationen an

Ankündigung eines Bewerbungstrainings für Arbeitslose:
Dieses Bewerbungstraining kann Ihnen nicht versprechen, dass Sie hinterher Ihren Traum-Job haben. Die Statistiken (⇨ Info-Junkies) sprechen jedoch eine eindeutige Sprache: 55 Prozent der Arbeitssuchenden, die an unserem Programm teilgenommen haben, sind wieder in einem festen Arbeitsverhältnis in einer Tätigkeit, die sie sich selbst gewählt haben (⇨ Zukunfts-Lerner).
Wir werden Sie ganz konkret auf alle Fallen aufmerksam machen, die in einem Bewerbungsgespräch auf Sie lauern (⇨ Problem-

Lerner). Sie werden Schritt für Schritt in vielen Übungen lernen, wie Sie Ihren zukünftigen Arbeitgeber am besten überzeugen (⇨ Rezept-Köche).

Finden Sie ebenfalls heraus, welche Einstellungen der Teilnehmer für den Lernprozess von Bedeutung sind. Jede Berufsgruppe hat andere Wertmaßstäbe. Beispielsweise nehmen es Mitarbeiter, die im Controlling oder in der Buchhaltung arbeiten, sehr genau mit den Zahlen. Das bedeutet für Sie als Trainer, dass Ihr angebotenes Zahlenmaterial exakt sein muss, dass Kostenargumente am stärksten überzeugen und die Fragen dieser Teilnehmer sehr ins Detail gehen. Arbeiten Sie mit Vertriebsmitarbeitern, so ist die Kundenzufriedenheit ein hoher Wert, an dem Sie Ihre Argumente ausrichten können.

Werte und Überzeugungen erfragen

Jede Branche, jede Firma, jeder Lebensbereich, jede Kultur fordert eine andere Vorgehensweise. Es ist hilfreich, den Fokus nicht allein auf die unmittelbare Arbeitsumgebung der jeweiligen Zielgruppe zu beschränken. Wenn Sie beispielsweise eine Teamentwicklung in den neuen Bundesländern leiten, dann ist es hilfreich, den Teamgedanken mit dem Begriff «Kollektiv» in Verbindung zu bringen. Benutzen Sie dagegen ausschließlich den Anglizismus «Team», werden Sie mit Ihrem Angebot erst mal auf Unverständnis und Ablehnung stoßen.

Kein Arbeitsplatz, kein Unternehmen ist eine Insel

Eine weitere Frage betrifft das Selbstverständnis der Zielgruppe: Was denken die Teilnehmer über sich selbst, ihre Aufgaben und ihr Ansehen? Immer wieder werden die typischen Denkhaltungen einzelner Gruppen laut: die Mitarbeiter aus der Produktion halten beispielsweise ihre Kollegen aus der Verwaltung gerne für überflüssig oder unterbeschäftigt. Sie sprechen abfällig vom Wasserkopf und fühlen sich trotzdem häufig den «Büro-Hengsten» unterlegen. Spannend sind immer wieder die vorgefertigten Meinungen über das so genannte Management: «Die da oben haben doch keine Ahnung, was bei uns an der Basis läuft!» Verlassen Sie sich auch nie allein auf die Aussagen von Führungskräften über ihre Mitarbeiter. Jede Perspektive ist einseitig und bedarf der Überprüfung.

Einseitige Perspektiven überprüfen

Die Ablehnung eines Lernangebotes kann auch in den Vorerfahrungen mit anderen Lernsituationen liegen. Sogar die ersten Erfahrungen als Schüler beeinflussen die Lernbereitschaft nachhaltig. Wer mit den Lehrkräften bereits auf Kriegsfuß stand, meidet gern spätere Fortbildungen. Zu groß sind die Ängste, dass sich die Misserfolge von damals wiederholen. Sie werden es spüren, wer vor Ihnen mit welchen Themen mit der Zielgruppe gearbeitet hat. Bedenken Sie, dass Sie als Referent immer das Erbe Ihrer Vorgänger antreten.

Frühere Lernerfahrungen prägen

Denken Sie darüber nach, welche Vorurteile die Zielgruppe über Sie als Trainer haben könnte. Menschen packen gerne in Schubladen, wie zum Beispiel beim zerstreuten Professor, beim chaotischen Künstler, beim Akademiker mit den zwei linken Händen, beim sparsamen Schwaben oder im Falle des Besser-Wessi. Alles, was anders ist, wird erst mal generalisiert und zur eigenen Sicherheit ein klein wenig abgewertet. Nur wer die Einstellungen kennt, kann bewusst dagegen arbeiten. So bekämpft beispielsweise ein ehemaliger Bundeswehr-Offizier die Vorurteile über seinen heutigen Trainerstil: «Bevor ich Trainer wurde, war ich zehn Jahre bei der Bundeswehr und viele Menschen, die mich näher kennen, sagen, es hätte mir nicht geschadet.»

Als Trainer treffen wir immer wieder auf Teilnehmer, die nicht viel mit uns gemeinsam haben – weder in der Lebensgeschichte noch in der beruflichen Entwicklung. Diese wahrgenommenen Unterschiede können auf beiden Seiten zu Akzeptanzproblemen führen. Die *Sympathie-Forschung* fand heraus, dass wir die Menschen o. k. finden, die uns ähnlich sind. Je mehr Gemeinsamkeiten wir mit anderen wahrnehmen, desto leichter fassen wir Vertrauen – eine wichtige Grundvoraussetzung im Lernprozess. Deshalb ist es sinnvoll, die Zielgruppen-Analyse mehr auf die Gemeinsamkeiten als auf die Unterschiede hin auszurichten.

Überlassen Sie es nicht dem Zufall, ob Ihre Teilnehmer die vorhandenen Unterschiede oder Gemeinsamkeiten mit Ihnen wahrnehmen. Finden Sie heraus, was Sie mit Ihrer Zielgruppe verbindet. Nur so schaffen Sie später im Seminar einen gelungenen ⇨ Einstieg, der Vertrauen schafft.

Die Zielgruppe analysieren

Kontext: Arbeitsalltag der Zielgruppe ...
* ihre typischen Aufgaben
* typische Kontakte mit internen/externen Kunden
* typische Erfolgs-/Misserfolgserlebnisse im Arbeitsalltag
* Zwänge, Ängste oder andere Hindernisse im Umfeld
* Vorerfahrungen im Thema oder mit anderen Trainern
* Gemeinsamkeiten zwischen Lernenden und Dozent

Können: Fähigkeiten, Lernbedarf und Potenziale ...

- typisches Qualifikationsniveau der Zielgruppe
- Lernbedarf der Zielgruppe aus eigener Sicht
- Lernbedarf der Zielgruppe aus Sicht ihrer Kunden
- realistische Entwicklungspotenziale der Zielgruppe

Wollen: Lernmotivation der Zielgruppe ...

- akuter Leidensdruck (why?)
- ehrgeizige Ziele (what-if?)
- Interesse für Details, Fakten, Definitionen (what?)
- Anwendungstipps, die gebraucht werden (how-to?)
- Werte und Überzeugungen im Aufgabenbereich (Branche)
- Werte und Überzeugungen in der (Unternehmens-)Kultur
- Selbstverständnis der Zielgruppe

3.2 Den Auftrag klären

In einem Lernprozess gibt es vier Parteien, die am Ergebnis interessiert sind und oft sehr unterschiedliche Vorstellungen davon entwickeln:

- zum einen die Lernenden selbst,
- die Umwelt der Lernenden,
- die Auftraggeber, die das Unternehmen vertreten,
- und die Dozenten mit ihrem eigenen Anspruch.

Die Aufgabe der Dozenten ist es, die Ziele der Lernenden und ihrer Umwelt, die Vorstellungen der Auftraggeber und den eigenen Anspruch auf einen gemeinsamen Nenner zu bringen.

Die Ziele der Lernenden werden bereits im Vorfeld bei der gründlichen ⇨ Zielgruppen-Analyse (Seite 56) ermittelt. Trotzdem müssen die endgültigen Lernziele der Dozenten nicht zwangsläufig denen der Zielgruppe folgen. Denn die

Teilnehmer sind ja keine Experten in der Weiterbildung und kennen nicht alle Möglichkeiten der Entwicklung. Und wer nicht weiß, dass es ein Produkt gibt, kann auch nicht wissen, ob er es braucht. Je unbekannter oder innovativer Ihr Lernangebot ist, desto weniger werden die Teilnehmer vorab sagen können, was sie damit erreichen wollen.

Auch die Auftraggeber können den wirklichen Lernbedarf einer Zielgruppe verkennen. Manchmal ist ihnen die Ursache für ein Problem nicht ganz klar, und der Auftrag würde nur das Symptom behandeln. Wenn beispielsweise die Mitarbeiter als Qualitätszirkel-Moderatoren ausgebildet werden und danach keine Qualitätszirkel machen, gibt es dafür drei Erklärungen:

* Die Moderatoren wissen immer noch nicht richtig, wie es geht – dann ist es ein Trainingsproblem.
* Sie wollen nicht, obwohl sie wissen, wie es geht – dann ist es ein Motivationsproblem.
* Oder sie wissen und wollen Qualitätszirkel machen, aber sie bekommen keine Ressourcen dafür – dann ist es ein System- oder Führungsproblem.

Im ersten Fall wäre der Auftrag für Sie als Berater ein Aufbaukurs für die Moderatoren, im zweiten Fall bräuchte es wahrscheinlich ein Anreizsystem und im letzten Fall einen Motivations-Workshop für die Führungskräfte.

Auch Zielgruppe und Auftraggeber können sich irren

Für die Lernenden ist es sehr frustrierend, wenn sie in Kursen Kompetenzen erwerben sollen, die sie hinterher nicht anwenden können. Unternehmen, die Führungsnachwuchs, interne Trainer oder Moderatoren ausbilden, verschwenden wertvolle Ressourcen, wenn sie den Zielgruppen später kein Anwendungsfeld bieten.

Deshalb ist stets zu prüfen, ob die *Umwelt* der Lernenden die gewünschten Lernziele überhaupt erlaubt und mitträgt. Ein Unternehmen, das beispielsweise in die Persönlichkeitsbildung investiert, muss irgendwann mit selbstbewussten und kritischen Mitarbeitern rechnen. Darauf sollten die Führungskräfte, wenn nicht sogar die (Ehe-)Partner mit vorbereitet werden. Wenn sich in einem Beziehungssystem ein Element weiterentwickelt, dann ist das so, wie wenn bei einem Mobile ein Teil herausgenommen und verändert wieder eingefügt wird.

Einen Ökologie-Check für die Lernziele durchführen

Die Auftraggeber eines Lehrauftrags interessieren sich nicht nur für die Lernziele, sondern mindestens gleich stark für die damit verbundenen Kosten. Um die Ziele möglichst schnell und billig zu erreichen, wird oft an den falschen Stellen gespart, wie zum Beispiel am Trainer.

Der Lernerfolg ist gefährdet, wenn Auftraggeber nur die Preise der Dozenten vergleichen. Denn es gibt viele verschiedene Wege zum Ziel, und nicht jeder Prozess ist gleich wirksam im Sinne des ⇨ Lerntransfers. Nicht alle Trainer sind wirklich in der Lage, einen schnellen und einfachen Lernweg zum «richtigen» Ziel zu finden. Die Auftraggeber sollten bedenken, wer billig anbietet, muss viele Tage arbeiten, um zu überleben. Er kann dadurch dem einzelnen Seminar nicht die Aufmerksamkeit und Vorbereitung entgegenbringen, wie ein höher dotierter Referent. Außerdem kann sich nur ein gut verdienender Dozent wiederum selbst teure (gute) Weiterbildung leisten.

In den Unternehmen gibt es unzählige Experten, die täglich ihr Wissen an Kollegen, an andere Abteilungen oder sogar an Kunden weitergeben. Auch hier wird nicht im Sinne der Effektivität, der Effizienz und des Lerntransfers gehandelt, wenn diese Fachkräfte ohne pädagogische Basisqualifizierung arbeiten. Woher sollen zum Beispiel EDV-Trainer, Sicherheitsbeauftragte oder Verkäufer wissen, mit welchen Methoden der Lerntransfer am besten gesichert wird?

Dozenten brauchen pädagogische Qualifizierung

Es darf bezweifelt werden, dass interne oder externe Referenten ohne pädagogische Qualifizierung oder ausreichend Zeit für die Vorbereitung wirksam arbeiten. Doch wer bemerkt das wirklich?

Erstens fehlt den Teilnehmern der unmittelbare Vergleich mit einem professionellen Trainer und zweitens ist fraglich, ob die Lernenden als pädagogische Laien das methodische Vorgehen des Dozenten beurteilen können. Sie wissen zwar, ob ihnen ein Vortrag oder ein Kurs gefallen hat, sehen jedoch nicht den langfristigen Nutzen. Fragen wir die Lernenden selbst danach, was sie vom Lernprozess erwarten, wird am häufigsten der Wunsch nach «Lernen mit Spaß» genannt. Bedenken Sie das als Trainer bei der Wahl Ihrer ⇨ Methodik, aber ohne die Lernziele und die Wirksamkeit der Wissensvermittlung aus den Augen zu verlieren!

Lernen mit Spaß u n d einer hohen Lernzielorientierung

Der Trainer muss bei Zielkonflikten unter den verschiedenen Parteien Seminarbesucher, Umwelt der Lernenden und Auftraggeber die letzte Entscheidung treffen. Im Idealfall kann er oder sie die unterschiedlichen Vorstellungen integrieren. Im schlimmsten Fall muss der Lehrauftrag abgelehnt werden, wenn für ihn die Lernziele an sich oder deren Erreichung fraglich ist, zum Beispiel durch zu sehr einschränkende Rahmenbedingungen. Deshalb klären Sie am besten bereits im Vorfeld mit Ihren Auftraggebern:

- die Größe und Zusammensetzung der Lerngruppe,
- den Lernort und die verfügbaren Lehrmaterialien,
- die Lernzeiten und
- die Organisation der Lernzeiten.

Schaffen Sie bereits bei der Auftragsklärung Transparenz und Sicherheit für die Lernzielerreichung!

Rahmenbedingungen lernzielgerecht aushandeln

Eine Führungskräfte-Ausbildung mit 10 Teilnehmern hat sicher ein anderes Ergebnis als eine mit 20. Wer durch eine Erhöhung der Teilnehmerzahl Kosten sparen will, zahlt dafür seinen Preis. Die Frage ist, welche Lernziele können realistisch unter bestimmten Bedingungen erreicht werden? Soll das Seminar nur das Gewissen beruhigen, oder geht es darum, etwas Bestimmtes zu bewirken? Sprechen Sie offen darüber mit Ihren Auftraggebern.

Fordern Sie als Dozent einen geeigneten Lernort, im Interesse der Teilnehmer und deren Lernerfolge. Ein dunkles, kleines Besprechungszimmer im Unternehmen, ohne die geeigneten Medien vor Ort, wird weder Sie noch die Teilnehmer zur Hochform auflaufen lassen. Hier wird sicher an der falschen Stelle gespart. Ein qualitätsbewusster Trainer lässt sich darauf nicht ein.

Die Lernzeiten effektiv organisieren

Die Erreichung der Lernziele steht und fällt auch häufig mit dem zeitlichen Rahmen, den sich die Auftraggeber aus Kostengründen wünschen. Es ist absolut legitim, bei der betrieblichen Weiterbildung kostenbewusst zu denken und zu handeln. Jeder Mitarbeiter, der ein Seminar besucht, arbeitet gerade nicht produktiv und verursacht dem Unternehmen zusätzlich Kosten. Doch es muss effektiv gespart werden, wie zum Beispiel durch eine geschickte Lernorganisation.

Die kostenintensiven Seminarzeiten können durch ein *Pre-Teaching* reduziert werden. Hierbei erhalten die Teilnehmer vorab Informationsmaterial oder ein Selbst-Lern-Programm (E-Learning), das sie bis zum Seminarbeginn selbst erarbeiten. Zudem werden «Seminartouristen» durch die mühevolle Vorarbeit mindestens so gut abgeschreckt wie durch ein angekündigtes *Testing* nach einer Fortbildung.

Ebenfalls ein Beitrag zur Effizienz bringt die Aufspaltung eines dreitägigen Seminars in ein zweitägiges Basis-Modul und ein späteres eintägiges *Follow-up*. Hier ist zwar an der Seminardauer nichts gespart, aber die Zeit zwischen Basis-Modul und Follow-up kann mit anwendungsorientierten «Hausaufgaben» für die Teilnehmer effektiv genutzt werden. Statt eines Follow-up kann auch im Anschluss an das Seminar ein *Coaching* die ersten Anwendungsversuche der Teilnehmer begleiten. Vor allem Führungskräfte machen verstärkt davon Gebrauch, ihre ganz individuellen Fragen in einem Einzelgespräch mit einem Berater zu klären.

Prioritäten unter den Lernzielen setzen

Eine effektive Lernorganisation ist die eine Möglichkeit, mit Ressourcen im Weiterbildungsbereich schonend umzugehen. Die andere ist das Setzen von Prioritäten unter den Lernzielen. Es gibt in Anlehnung an die Zeitmanagement-Experten folgende Ordnung für die Lernziele:

* Muss-Lernziele,
* Soll-Lernziele,
* Kann-Lernziele und
* Nice-to-have-Lernziele.

Muss-Lernziele sind wichtig, das heißt von großer Bedeutung für die Entwicklung des Einzelnen und des Unternehmens. Ferner sind sie dringend, das heißt mit einem gewissen Termindruck. Als zum Beispiel bekannt wurde, dass das Monopol der Energieversorger durch die Liberalisierung des Strommarktes im Jahr 2000 fallen werde, mussten die Mitarbeiter so schnell wie möglich auf eine neue «Kundenorientierung» trainiert werden. Jeder Kunde, der zufrieden ist und nicht zu einem anderen Anbieter wechselt, sichert die Existenz des Unternehmens.

Muss-Lernziele haben Vorrang

Die Soll-Lernziele haben zwar keinen Termindruck, aber sie sind dennoch wichtig für die Zukunftssicherung des Unternehmens: Wenn beispielsweise eine Firma heute bereits «Lernstatt»-Moderatoren ausbildet, um vorzubeugen, dass zukünftige Einarbeitungsphasen in neue Technologien im planlosen Chaos enden. Es wird der Tag kommen, an dem sich diese frühzeitige Investition rechnet und einen enormen Wettbewerbsvorteil bringt.

Soll-Lernziele dürfen nicht vergessen werden

Die Kann-Ziele haben zwar einen Termin, sind aber von keiner existenziellen Bedeutung, weder für die Mitarbeiter, noch für das Unternehmen – zum Beispiel die Umstellung von einem Software-Auslaufmodell auf die nächste Generation. Die Software muss zu einem bestimmten Termin ausgetauscht werden, aber es brauchen nicht alle Mitarbeiter sofort eine Schulung. Es gibt viele Abteilungen, deren Erfolg nicht vom Einsatz der neuen Software abhängt.

Mit Kann- und Nice-to-have-Zielen sparsam umgehen

Zuletzt kommen die Nice-to-have-Lernziele. Die sind weder wichtig fürs Überleben noch dringend. Das ist zum Beispiel der Fall, wenn Mitarbeiter aus der Produktion eine Produktschulung bekommen. Direkt gebraucht werden diese Marktkenntnisse in der Fertigung nicht, und trotzdem bringt es die Abteilung irgendwie weiter: Die Mitarbeiter identifizieren sich stärker mit dem Produkt und achten bei der Herstellung vielleicht mehr auf die Qualität, um den Kunden nicht zu enttäuschen. An den Kann- und Nice-to-have-Zielen darf im Moment gespart werden. Abgesehen davon ist jedes Lernen an sich bereits wertvoll. Es hält die Mitarbeiter geistig fit.

3.3 Die Lernziele definieren

Es lohnt sich, die Lernziele sorgfältig zu definieren. Nur so kann die Konzeption für ein Seminar, eine Fachschulung, einen Vortrag oder ein E-Learning-Modul gelingen.

Um eine gute Orientierung für Ihre Vorbereitung zu schaffen, müssen Sie nicht nur wissen, was in welchem Zeitraum gelernt werden soll, sondern auch, in welchem Umfang bzw. mit welcher Intensität. Der Weg vom Laien zum Experten ist weit. Auf der Skala vom Spaziergänger bis zum Marathonläufer liegen viele verschiedene Leistungsgrade. Deshalb werden Sie sich klar darüber, welchen Kompetenzgrad Sie für ein bestimmtes Lernziel von Ihren Teilnehmern erwarten. Dazu gibt es vier verschiedene Experten-Level:

- Level I: Faktenwissen und einfaches Know-how
- Level II: Verständnis und Anwendungskompetenz
- Level III: Überzeugungen und Werte
- Level IV: Lerntransfer und Innovation.

Level I: Wissen und einfaches Know-how

Bei den Lernzielen auf dem Experten-Level I geht es um die Vermittlung von Faktenwissen und einfachem Anwendungs-Know-how. Es genügt, wenn die Lernenden es sich merken können, in der Lage sind zu wiederholen oder das Wissen in einfachen Übungsaufgaben anzuwenden.

Beispiel: Das Lernziel «Feedback» auf Level I

Stellen Sie sich vor, Sie planen eine Trainingssequenz zum Thema Feedback. Ein Lernziel auf Level I könnte dann sein, den Lernenden zu vermitteln, mit welchen Worten sie ein Feedback-Gespräch positiv und wertschätzend eröffnen. Theoretisch soll das Wissen in den Köpfen vorhanden sein und könnte in einem schriftlichen Testing oder einer mündlichen Wiederholungsrunde abgeprüft werden.

Level II: Verständnis und Anwendungskompetenz

Bei den Lernzielen auf Experten-Level II geht es um ein tieferes Verständnis der Lerninhalte. Die Lernenden analysieren ihre Erfahrungen, bringen sie in ein Ordnungssystem und miteinander in Verbindung. Tipps und Kniffe werden herausgefunden und führen zu der professionellen Anwendungskompetenz eines erfahrenen Gesellen: Er oder sie kann Zusammenhänge verstehen, analysieren, zusammenfassen, Ordnungssysteme anlegen oder in eigenen Worten erklären.

Beispiel: Das Lernziel «Feedback» auf Level II

Die Teilnehmer sollen verstehen, warum Menschen negative Aufforderungen so schwer verarbeiten. Darüber hinaus sollen Sie ein Feedback-Gespräch professionell vorbereiten und die Kommunikationsregeln anwenden. Getestet werden kann der Lernerfolg zum Beispiel in Rollenspielen.

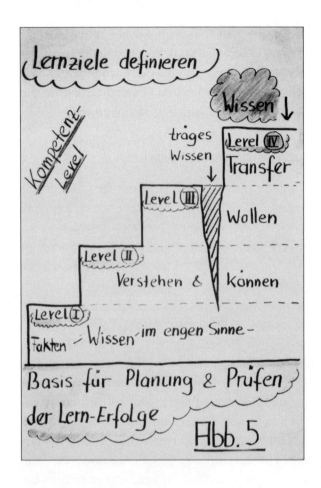

Abb. 5

Der Weg vom Wissen zum Handeln ist weit. Selbst wenn jemand etwas weiß, es verstanden hat und professionell anwenden könnte, so ist noch lange nicht garantiert, dass er das auch tut. Dazu gibt es viele Beispiele: Mitarbeiter, die wissen, wie man sich am Kundentelefon professionell meldet und es trotzdem nicht anwenden oder Führungskräfte, die wissen, wie man Feedback gibt, und es doch nie tun.

Level III: Überzeugungen und Werte (Motivation)

Ob das Gelernte auch verhaltenswirksam wird, ist nicht nur eine Frage des Könnens, sondern vor allem eine des Wollens bzw. der *Motivation*. Motive sind Beweggründe des Handelns und den Lernenden oft gar nicht bewusst. Hier nun die vier wichtigsten Motivationsförderer oder -bremser in den Köpfen der Menschen:

* Glaubenssätze
* Werte
* Identität
* Sinn.

Glaubenssätze sind Überzeugungen, die wir für richtig halten und die uns als Orientierung für unser Handeln dienen. Wenn sich zum Beispiel ein Kind auf der heißen Herdplatte verbrennt, wird es zur Überzeugung kommen, dass eine Herdplatte heiß ist und es besser ist, dort nicht mehr hinzufassen. Es wird einige Jahre dauern, bis das Kind lernt, dass nicht jede Herdplatte immer heiß ist. Wir machen eine Erfahrung und generalisieren. Das schützt uns davor, immer wieder die gleichen Fehler zu machen, aber es kann uns auch unnötig einschränken, wie im Fall mit der Herdplatte. Wer sich nicht mehr in die Nähe einer Herdplatte wagt, kann zum Beispiel nicht kochen lernen. Wenn Führungskräfte kein Feedback geben, obwohl sie es könnten, kann dahinter der Glaubenssatz stecken: «Damit frustriere ich den Mitarbeiter bloß, und ändern wird sich bei dem eh nichts.» Manchmal besteht die wichtigste Aufgabe eines Trainers darin, den Teilnehmern ihre Glaubenssätze bewusst zu machen und ihnen die damit verbundenen verpassten Chancen aufzuzeigen.

Lernhemmende Glaubenssätze bewusst machen

Werte sind das, was uns im Laufe unseres Lebens wichtig geworden ist. Jeder Mensch hat eine eigene Wertehierarchie.

Werte, wie beruflicher Erfolg, Freiheit, Liebe, Sicherheit, Freunde oder Anerkennung, haben für jeden einen anderen Stellenwert. Für das, was uns wirklich am Herzen liegt, setzen wir alle Hebel in Bewegung. Die Trägheit wird umso größer, je weniger uns ein Ziel interessiert. Wenn die Führungskraft mehr Wert darauf legt, bei den Mitarbeitern beliebt zu sein als auf den Erfolg des Unternehmens, wird sie auf Feedback verzichten – selbst dann, wenn es dringend nötig wäre.

Lernförderliche Werte ansprechen

Die *Identität* ist das, was ein Mensch über sich selbst denkt und was die Psychologen auch Selbstbild oder Selbstverständnis nennen. Wenn zum Beispiel die Mitarbeiter der Energiewirtschaft sich selbst immer noch als Monopolisten sehen, werden sie im Umgang mit Kunden wohl kaum die gewünschten Verhaltensweisen zeigen – unabhängig davon, wie viele Seminare sie zum Thema Kunde besucht haben. Das Selbstbild ist hochgradig verhaltenswirksam. Wenn eine Führungskraft sich selbst nicht zutraut, einen Konflikt mit dem Mitarbeiter durchzustehen, wird sie sich auf kein Kritikgespräch einlassen.

Den Selbstwert aufbauen als Basis der Entwicklung

Am stärksten verhaltenswirksam ist die Frage nach dem höheren *Sinn* einer Handlung. Zum Beispiel können Mitarbeiter dazu motiviert werden, mit gefährlichen Substanzen zu arbeiten, wenn sie wissen, dass daraus ein Brandschutz-Produkt speziell für Krankenhäuser hergestellt wird. Ihre Motivation lebt aus dem Gedanken, etwas zu tun, was im Notfall kranken Menschen das Leben retten kann.

Den Lernzielen einen Sinn geben

Auch wenn Menschen nicht bewusst darüber nachdenken, hat jeder zumindest eine vage Vorstellung von seiner Bestimmung bzw. seiner *Mission*. Die Kabarettistin Sissy Perlinger sagte in einem Interview: «Ich bin hier auf dieser Welt, um Menschen zum Lachen zu bringen.» Eine Trainerin sagt: «Ich bin hier auf dieser Welt, um zu lernen und Lernen zu ermöglichen.» Eltern sagen vielleicht: «Wir sind hier auf dieser Welt, um für unsere Kinder zu sorgen.» Eine Führungskraft, die sich sagt: «Ich bin nicht auf der Welt, um andere zu belehren», wird Feedback definitiv vermeiden. Wenn also das Ziel eines Lernprozesses die Verhaltensänderung der Teilnehmer sein soll, kommen Sie nicht an der Formulierung von Sub-Zielen für die Ebenen Glaubenssätze und Werte vorbei.

Die Lern-Blockaden ins Zielvisier nehmen

Auf dem Experten-Level III werden Denk- und Verhaltensmuster reflektiert. Die Teilnehmer sind in der Lage, Themen kritisch zu hinterfragen, zu bewerten, zu diskutieren, sich eine Meinung zu bilden, sich Unbewusstes bewusst zu machen.

Beispiel: Das Lernziel «Feedback» auf Level III

Die Teilnehmer hinterfragen und diskutieren ihre persönliche Einstellung zu Lob und Kritik. Sie reflektieren ihre Ängste als Feedback-Geber und ihre lernhemmenden Denkmuster als Feedback-Nehmer. Auf den Prüfstand kommen alle Glaubenssätze im Hinblick auf Feedback und menschliche Lernprozesse. Die Teilnehmer können mit provokativen Thesen («ein Esel kann niemals Arien singen» oder «was Hänschen nicht lernt, lernt Hans nimmermehr» oder «mit Feedback schaffe ich mir Feinde fürs Leben») zu einer hitzigen Diskussion über den Sinn von Feedback angeregt werden.

Ob jemand tatsächlich seine Meinung geändert oder lern-hemmende Denkblockaden überwunden hat, wird sich im späteren Anwenderverhalten zeigen. Ansonsten ist es schwie-rig, Überzeugungen zu messen. Am ehesten vielleicht mit einer anonymen ⇨ Kartenabfrage der Assoziationen zum Thema («Was fällt Ihnen ein, wenn Sie ‹Feedback› hören?») oder mit einem ⇨ Stimmungsbild: Vor und nach der Lern-sequenz sollen die Lernenden anonym ihr Gefühl bewerten, wenn sie den Begriff «Feedback» hören.

Level IV: Lerntransfer und Innovation

Lernziele auf dieser Ebene sind am schwierigsten zu errei-chen. Selbst wenn die Lernenden etwas wissen, können und anwenden wollen, ist der ⇨ Transfer vom Schonraum «Se-minar» zur Anwendung in der Praxis noch nicht gesichert. Denn die Anforderungen in der Realität sind komplexer und vielschichtiger, so dass häufig nur schwer zu erkennen ist, welches Wissen gerade gebraucht wird. Außerdem kann ein Seminar nicht auf alle zukünftigen Veränderungen der Auf-gaben vorbereiten.

Ein Versuch an der Universität in München aus den achtziger Jahren machte die *Transfer-Hürde* deutlich: BWL-Studenten kurz vor dem Examen sollten mit Hilfe einer Computersimulation eine Jeans-Fabrik leiten und ihre Er-folge mit denen der betriebswirtschaftlich unbedarften Päda-gogik-Studenten messen. Das Ergebnis: Die BWL-Studen-ten hatten in schriftlichen Tests bewiesen, dass sie über das nötige Wissen für die Unternehmensführung verfügten, konnten es jedoch nicht in einer konkreten Praxis-Situation anwenden. Sie erwirtschafteten tendenziell sogar weniger Gewinn als die Pädagogen.

Es gibt immer neue Herausforderungen, die man allein mit den bisherigen Kompetenzen nicht lösen kann. Auf dem

Experten-Level IV geht es um die Anwendung und Übertragung des bisher Gelernten auf komplexere oder unbekannte andere Aufgaben in der Praxis und um das Schaffen von Innovation.

Beispiel: Das Lernziel «Feedback» auf Level IV

Die Teilnehmer sollen in der Lage sein, die Feedback-Regeln auf andere Gesprächssituationen zu übertragen. Was im Feedback für Mitarbeiter oder Kollegen förderlich ist, kann beispielsweise auch bei der Bearbeitung von Kundenreklamationen von Nutzen sein. Außerdem sollen die Lernenden neue Ideen entwickeln, wie man seinem Vorgesetzten Feedback geben kann.

Je nachdem, auf welchen Experten-Level Sie Ihre Zielgruppe bringen wollen, werden Sie mehr oder weniger Lernzeit einplanen müssen. Auch die Wahl der ⇨ Methoden und der ⇨ Medien hängt von dieser Entscheidung ab.

Der Experten-Level bestimmt Medien und Methoden

Die Definition der Lernziele macht auch erst den Erfolgsnachweis bzw. die Evaluation möglich. Wer ein Ziel formuliert, muss eine konkrete Vorstellung davon haben, wie man feststellen kann, wann das Ziel erreicht ist. Doch die Überprüfung menschlicher Lernprozesse ist nicht immer ganz einfach.

Je höher der Experten-Level, desto schwieriger wird der Nachweis der Lernziel-Erreichung. Beim *Experten-Level I* «Wissen und einfaches Know-how» kann mit mündlichen Wiederholungsrunden, kleinen Übungsaufgaben oder einem schriftlichen Testing der Lernerfolg bzw. das Wissen überprüft werden. Es macht sogar Sinn, sich vor der Kon-

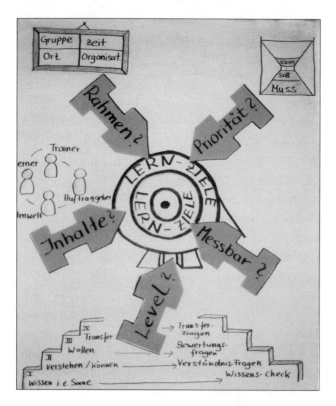

zeption einer Trainingssequenz, ein Testing zu entwerfen. Das kann die Lernziel-Definition ersetzen.

Wenn Sie die Fragen für das Testing haben, leiten Sie davon ab, was zu tun ist, damit die Lernenden sie beantworten können. Prüfungen zeigen nicht nur, was der Schüler gelernt hat, sondern noch mehr, was der Lehrer geleistet hat. Mit einem Testing nach der Lernsequenz, können Sie Ihre Arbeit selbst überprüfen. Auch im Anhang dieses Buches finden Sie ein ⇨ Testing zur Überprüfung, ob Sie die wichtigsten Inhalte behalten und verstanden haben.

Das Testing vor der Konzeption als Lernziel-Definition

Wenn Sie einen Test so ankündigen, dass Sie eigentlich nur

sich selbst als Wissensvermittler prüfen wollen, haben die Lernenden auch Spaß daran. Gehen Sie in der Erwachsenenbildung spielerisch mit Prüfungssituationen um, zum Beispiel, indem Sie auf das Flipchart schreiben: «Hier ist Spicken beim Nachbarn und in den Unterlagen ausdrücklich erwünscht!»

Beispiel für ein Testing auf Experten-Level I

Auf dem Experten-Level I «Wissen und einfache Anwendungen» sind bei einer Trainerausbildung folgende Wissens-Check-Fragen denkbar:
* Welche 3 Lerntypen gibt es?
* Was sind die idealen Pausenzeiten fürs Lernen?
* Wann ist der optimale Termin zum Wiederholen?

Beim Experten-Level II «Verständnis und Anwendungskompetenz» können Rollenspiele oder die Bearbeitung von realitätsnahen Fällen bzw. Praxisaufgaben den Lernfortschritt zeigen. Beispielsweise hat jeder Absolvent beim Testing nach einer Trainerausbildung eine 20-minütige Trainingssequenz nach eigenem Design durchzuführen. Soll der Lernerfolg auf Level II darüber hinaus schriftlich geprüft werden, wird mit Verständnisfragen gearbeitet.

Beispiel für ein Testing auf Experten-Level II

Auf dem Lern-Level II «Verständnis und Anwendungs-Kompetenz» ist bei einer Trainer-Ausbildung die folgende Verständnis-Frage denkbar:
Stellen Sie sich vor, ein Kollege steht vor seinem ersten Seminar. Er bittet Sie um ein paar Tipps. Welche Fragen stellen Sie ihm in Bezug auf seinen Lehr-Auftrag, bevor Sie eine Empfehlung abgeben?

Der Lernerfolg auf Level III «Überzeugungen» wird sich in erster Linie im Anwendungsverhalten nach der Lern-Sequenz zeigen. Beim Dozenten kann sich nur eine vage Vorstellung von den Veränderungen in den Köpfen der Teilnehmer entwickeln. Überprüfbar sind diese vielleicht mit *Assoziationsübungen* in ⇨ Kartenabfragen: «Was fällt Ihnen ein zur Lehrmethode ‹Rollenspiel›?» oder in Abstimmungen: «Wer von Ihnen spielt gerne Rollenspiele?»

Beispiel für ein Testing auf Experten-Level III

Auf dem Experten-Level III «Überzeugungen» sind bei einer Trainerausbildung folgende Bewertungsfragen denkbar:

* Mit welchem Medium arbeiten Sie am liebsten und warum? Welches Medium meiden Sie und warum?
* Diskutieren Sie die Chancen und Gefahren der Rollenspiele im Seminar!

Der Experten-Level IV «Lerntransfer und Innovation» lässt sich am schwersten überprüfen. Die Karriere des Lernenden und die zukünftigen Erfolge des Unternehmens werden es zeigen, ob die Lerntransfer-Hürde genommen wurde. Eine Möglichkeit sind Real-Life-Aufgaben in die Lernsequenz einzubauen, wie zum Beispiel, wenn Moderatoren bereits während ihrer Ausbildung einen realen Qualitätszirkel bearbeiten. Auch Computer-Simulationen können auf dem Experten-Level IV zur Lernzielkontrolle dienlich sein. In schriftlichen Testings kann sich dem Lernerfolg nur durch Transferfragen angenähert werden.

Beispiel für ein Testing auf Experten-Level IV

Auf dem Experten-Level IV «Transfer und Innovation» ist bei einer Trainerausbildung die folgende Frage denkbar:

Stellen Sie sich vor, Sie suchen nach einem neuen Mitarbeiter für Ihre Abteilung. Mit welchen Argumenten gewinnen Sie einen visuellen, auditiven, kinästhetischen Bewerber?

Die Lerntypen-Theorie muss bei dieser Frage auf ein Bewerbergespräch selbstständig übertragen werden.

Will es der Dozent auf dem Experten-Level IV genauer wissen, muss er sich schon in die Praxis der Lernenden begeben – vielleicht als Supervisor oder Coach dem ehemaligen Teilnehmer bei der Arbeit über die Schulter schauen und ihm oder ihr konstruktiv Feedback geben. Wenn Sie dabei feststellen, dass Ihre ehemaligen Schüler Sie mittlerweile übertreffen, dann können Sie sicher sein, dass Sie alle Lernziele erreicht haben!

Lernziele definieren und überprüfen!

Die Lern-Inhalte ergeben sich aus ...
* der Zielgruppen-Analyse (Bedarf aus Sicht der Lernenden)
* der gründlichen Auftragsklärung (Bedarf des Unternehmens)
* dem Ökologie-Check (Prüfung der Umwelt der Lernenden)
* den Möglichkeiten und den Ideen des Trainers selbst

Rahmenbedingungen beeinflussen die Lernziele ...
* Gruppengröße und Zusammensetzung Lernzeiten (absolut)
* Lernort und verfügbare Lehrmaterialien
* Lernorganisation (Pre-teaching, Follow-up, Coaching ...)

Prioritäten unter den Lernzielen setzen ...

- Muss-Lernziele (dringend und wichtig fürs Überleben jetzt)
- Soll-Lernziele (wichtig für die Zukunft, also nicht dringend)
- Kann-Lernziele (nicht so wichtig, aber der Termin steht)

Mit dem Kompetenz-Level Erfolge planen/messen ...

- Level I (Faktenwissen) messen mit einem Wissens-Check
- Level II (Anwendungskompetenz) mit Verständnisfragen
- Level III (Überzeugungen) messen mit Bewertungsfragen
- Level IV (Transfer und Innovation) messen mit Transferfragen

4. Der motivierende Einstieg

Wer das erste Knopfloch verfehlt, kommt mit dem Zuknöpfen nicht mehr zurande.

SPRICHWORT

An-Fangen hat sowohl etwas mit Emp-Fangen, als auch mit Ein-Fangen zu tun. Aus der Markt- und Werbepsychologie wissen wir, dass im Kontakt mit einem «Fremden» vor allem innerhalb der ersten zehn Minuten unsere Antennen höchst sensibel auf Empfang stehen. Der erste Eindruck beeinflusst alle späteren Wahrnehmungen. Ein kurzer Moment entscheidet darüber, ob wir uns von unserem Gesprächspartner und seinem Anliegen gewinnen lassen oder nicht. Unabhängig davon, ob Sie einen Workshop, einen Vortrag oder ein Seminar eröffnen, prägen Ihre ersten Worte die *Lernmotivation* entscheidend.

Für die Vorbereitung einer «optimalen» Eröffnungsrede brauchen erfolgreiche Referenten mindestens ein bis zwei Stunden Zeit. Sie können mit einem gelungenen Einstieg einen idealen Rahmen zum Lernen schaffen – die *Begeisterung* der Lernenden wecken oder auch nicht!

Die Worte für die ersten zehn Minuten wollen sorgfältig ausgewählt werden. Denn Fehler und Versäumnisse an dieser Stelle haben ihren Preis, den Sie sicher zu einem späteren Zeitpunkt im Seminar bezahlen!

4.1 Die Herzen öffnen

Die grundsätzliche Lernbereitschaft der Zuhörer hängt in hohem Maße davon ab, wie viel Vertrauen sie ihrem «Lehrer» schenken. Denken Sie nur einmal an sich selbst, wie schwer es ist, ein Feedback anzunehmen von einem Menschen, dem Sie misstrauen. Genauso schwer fällt es uns, von jemandem zu lernen, den wir nicht mögen. Vertrauen und ein gewisses Maß an Sympathie sind unbestritten das Öl bzw. der *Faciliator* im Lernprozess. Fehlt es, werden die Zahnräder (Lehrende und Lernende) nur mit erheblichen Reibungsverlusten und Aufwand in Bewegung kommen, im schlimmsten Fall sogar verhaken.

Natürlich muss man nicht geliebt werden, um Menschen zum Lernen zu bringen. Auch ein Tritt in den Hintern oder eine verletzende Verbalattacke kann unter Umständen Wunder bewirken. Nur in diesen Fällen ist Lernen mit Schmerzen verbunden und das Lehren keine Kunst, denn verletzen oder einschüchtern kann ja jeder. Keinem verhassten Schulmeister ist es je gelungen, einen Weg zu finden, auf dem Menschen sich mit Spaß und Freude entwickeln. Doch genau das ist die selbst gestellte Aufgabe der modernen Pädagogen: eine lernfördernde Beziehung zu den Teilnehmern herzustellen, ohne sich dabei anzubiedern oder die Lernziele aus den Augen zu verlieren.

Nochmal im Klartext: Wir Trainer oder Referenten werden nicht dafür bezahlt, dass wir uns beliebt machen. Aber mit einem gewissen Wohlwollen der Teilnehmer können wir leichter, schneller mehr bewirken – und genau dafür werden wir bezahlt. Wie Sie zu Ihrer Lerngruppe einen guten Kontakt herstellen, erfahren Sie nun im Detail.

Sich als Trainer und Mensch vorstellen

Die Herzen der Zuhörer kann man erreichen, wenn man ihnen von Anfang an ein Stück weit auf der Ebene Mensch begegnet. Das Zeigen von eigenen Schwächen und ein kleiner Einblick in den privaten Bereich kann bei der Vorstellung erste Sympathien wecken. Kein Mensch will mit Superman arbeiten. Zu schnell entsteht eine gewisse Ablehnung oder Resignation im Sinne von «So toll wie der werde ich eh nie». Deshalb erzählen erfolgreiche Referenten immer wieder kleine Geschichten von ihren Niederlagen oder Schwächen. Zum Beispiel stellt sich ein bekannter Motivationstrainer so vor: «Ich bin 42 Jahre alt und hatte schon mal mehr Haare auf dem Kopf. Dafür war meine Nase immer schon so groß.»

Das sich Zeigen auf der Ebene Mensch ist jedoch eine Gratwanderung: Erfahren die Teilnehmer zu wenig über Sie, lässt Sie das distanziert und unpersönlich erscheinen – gewähren Sie zu viel Einblicke in Ihre Schwächen, privaten Ängste und Nöte, beginnen die Teilnehmer Ihre Kompetenzen anzuzweifeln. Niemand will mit einem Kommunikationstrainer arbeiten, der privat mit seiner Frau gerade Rosenkrieg spielt und davon ständig erzählt.

Eine Verbindung zur Lerngruppe herstellen

Wer denkt, dass man von Sympathie und Antipathie getroffen wird wie von einem Blitz aus heiterem Himmel, ist auf dem Holzweg. In der Regel bewerten wir unser Gegenüber in Bruchteilen von Sekunden. Für die Entstehung von *Sympathien* gibt es konkrete Gründe: die wahrgenommenen Ähnlichkeiten mit uns selbst. Je mehr Gemeinsamkeiten wir wahrnehmen, desto «netter» finden wir unser Gegenüber.

Darum sorgen Sie bewusst dafür, dass Ihre Zuhörer bereits in den ersten zehn Minuten wenigstens eine Gemeinsamkeit mit Ihnen entdecken. Bitte bleiben Sie dabei absolut bei der Wahrheit. Erfinden Sie nichts, was nicht ist, denn auf lange Sicht können Sie den Teilnehmern ohnehin nichts vormachen. Folgendes Beispiel zeigt, dass mit etwas Ideenreichtum auch bei vielen Unterschieden zwischen Trainer und Teilnehmern eine Verbindung gefunden werden kann:

Eine gelungene Verbindung zur Seminargruppe

Eine Referentin hielt ein Seminar für Sekretärinnen. Sie hatte noch nie selbst als Sekretärin gearbeitet. Die einzige Gemeinsamkeit zwischen der Referentin und den Teilnehmerinnen bestand in ihrem Geschlecht.

Die Referentin schnitt aus der Wochenendzeitung alle größeren Inserate aus, in denen Sekretärinnen gesucht wurden. Außerdem fand sie ein paar gleich große Stellengesuche für Geschäftsführer-Positionen. Bei der Eröffnung stellte sie die Sekretärinnen- und Geschäftsführer-Stellenangebote gegenüber und sagte:

«Am Wochenende las ich Zeitung, und ich war ganz überrascht, dass die Inserate für Sekretärinnen genauso groß sind wie die für ihre Chefs. Das freut mich umso mehr, als ‹die Sekretärin› dann wohl einer der wenigen qualifizierten Berufe ist, in denen wir Frauen die Männer verdrängt haben» (ursprünglich gab es nur männliche Sekretäre). Die Gemeinsamkeit war geschaffen: Wir sind alle Frauen in einem qualifizierten Beruf.

Der Lerngruppe Wertschätzung vermitteln

Überlegen Sie bei der Vorbereitung genau, auf welchem Stand sich Ihre Lerngruppe befindet. In der Regel sitzen vor Ihnen immer Menschen mit viel Wissen und Erfahrung. Jeder von Ihren Zuhörern kann mindestens eine Sache besser als Sie, davon können Sie ausgehen. Deshalb gibt es keinen Grund, die Gruppe erst mal klein zu machen, wie es Trainer vom alten Schlag häufig praktiziert haben. Sie führten die Teilnehmer zuerst auf die Stufe ihrer Inkompetenz mit einer sie überfordernden Frage oder Aufgabe, um sie damit zu gefügigen Lernenden zu machen.

So machen schlechte Trainer ihre Teilnehmer klein

Ein Referent fragte gleich zu Beginn in die Seminarrunde: «Was war euer schönster Moment im Leben?» Alle Teilnehmer nannten irgendein privates Erlebnis wie Hochzeit, Geburt des ersten Kindes usw. Danach brüllte sie der Referent an: «Wieso lebt Ihr dann noch, wenn ihr das Schönste schon hinter euch habt?» Alle kamen sich jetzt furchtbar dumm vor und hatten Angst, sich das nächste Mal wieder so zu blamieren. Keiner wagte mehr, den Referenten zu kritisieren, seine Rolle als genialer Lehrmeister war gefestigt. Allerdings meldete sich auch keiner mehr zu einem Folgeseminar an – denn die Herzen waren verloren.

Denken Sie gründlich darüber nach, was Sie an Ihrer Lerngruppe oder Ihren Zuhörern wirklich bewundern. Ein Seminar für Monteure zum Thema «Kundenorientierte Kommunikation» kann beispielsweise so eröffnet werden: «Ich bin schon gespannt auf Ihre langjährigen Erfahrungen im Umgang mit Kunden und bin sicher, dass wir alle hier im Raum viel voneinander lernen können.» Würdigen Sie die bisherigen Erfahrungen der Seminarteilnehmer. Und wenn Ihnen gar nichts einfällt, wofür Sie Ihre Teilnehmer wertschätzen können, dann sollten Sie den Lehrauftrag ablehnen und der Gruppe Ihre Überheblichkeit ersparen.

Ehrliche Versprechen und Wünsche äußern

Vertrauen entsteht durch Ehrlichkeit und realistische Aussagen. Wenn Sie zu Beginn eines Seminars großartige «Heilsversprechungen» abgeben, können Sie damit niemals alle

Zuhörer in Sicherheit wiegen. Einige davon werden Sie kritisch überwachen und Ihnen das Leben sehr schwer machen, falls Sie wortbrüchig werden. Deshalb sagen Sie ehrlich, was die Teilnehmer erwarten dürfen und vor allem auch, was Sie nicht leisten können. Sprechen Sie Klartext. Die Teilnehmer wollen so genau wie möglich wissen, worauf sie sich einlassen.

So wichtig kann ein ehrliches Versprechen sein

Ein Moderator, der einen Konflikt in einer Abteilung entschärfen sollte, sagte zu Beginn des Workshops:

«Ich kann nicht versprechen, dass es nach diesem Workshop für jeden von Ihnen besser wird. Was ich versprechen kann, ist, dass ich meine ganze Aufmerksamkeit und meine ganze Erfahrung dafür einsetze, dass morgen hier alle in einem guten Zustand auseinander gehen.»

Genau so ehrlich wie bei Ihren Versprechungen können Sie Ihre Wünsche an die Gruppe äußern. Das macht Sie berechenbar. Die Teilnehmer sind nicht in der Lage, Ihre Gedanken zu lesen. Deshalb stehen Sie zu Ihren Bedürfnissen! Wenn Sie die Unpünktlichkeit Ihrer Zuhörer stört, dann sagen Sie es bitte vorab: «Ich lege großen Wert darauf, dass Sie sich an die vorgegebenen Pausenzeiten halten. Bedenken Sie, wie viel wertvolle Arbeits- oder Lernzeit verschwendet wird, wenn wir immer wieder auf Einzelne warten müssen.» Der Volksmund sagt: Wehret den Anfängen und meint, dass es im Nachhinein viel schwerer ist, bestimmte Gewohnheiten wieder zu ändern.

Sich als Experte legitimieren

Ihre Zuhörer brauchen die Sicherheit, dass Sie von Ihrem Fachgebiet wirklich etwas verstehen und sie bei Ihnen in guten Händen sind. Deshalb zeigen Sie Ihre Kompetenz, in welcher Form auch immer! Die so genannten Motivationstrainer sprechen viel von ihren Umsätzen, ihren Autos und ihren Familien. «Ich bin erfolgreich auf der ganzen Linie», soll damit dem Publikum demonstriert werden. Der Zuhörer wird so überzeugt, dass er nur die Prinzipien des Vorturners übernehmen muss, um auch das Glück für immer pachten zu können. Ein Motivationstrainer, der mit seinem Unternehmen Konkurs anmelden muss, kann seine Thesen nicht mehr glaubwürdig unter das Volk bringen.

Erfolgreiche Referenten stimmen ihre ausgewiesenen Kompetenzen auf jede Zielgruppe individuell ab. Wenn Sie mit einer Gruppe von Praktikern arbeiten, ist es wirklich nicht nötig, alle akademischen Titel und Auszeichnungen zu erwähnen. Ganz im Gegenteil – schnell wären Sie in der Schublade «Theoretiker mit null Ahnung von der Praxis». Trotzdem ist eine Anpassung der erwähnten Trainer-Qualifikationen an das Bildungsniveau der Teilnehmer nicht immer sinnvoll.

Dazu ein Beispiel aus der Seminar-Praxis

Eine Referentin, die mit Langzeitarbeitslosen arbeiten sollte, stellte sich mit ihrem ganzen Programm an Aus- und Weiterbildungen und beruflichen Erfolgen vor: «Ich habe studiert, war Abteilungsleiterin, habe mich vor zehn Jahren selbstständig gemacht und trainiere heute überwiegend Führungskräfte in namhaften Unternehmen.»

Obwohl die Qualifikationen der Arbeitslosen mit den ihren nicht mithalten konnten, eröffnete sie ganz bewusst mit dieser geballten Ladung «Erfolg». Die Arbeitslosen waren fest davon überzeugt, dass sie sich in einer aussichtslosen Situation befinden und dass jede Anstrengung vergeblich sein würde. Allein die Vorstellung, dass sie jetzt von einer absolut erstklassigen professionellen Beraterin unterstützt werden, ließ sie wieder hoffen und zu neuen Bewerbungen motivieren.

Es macht Sinn, sich für jede Zielgruppe neu zu entscheiden, welche Ihrer Kompetenzen Sie erwähnen wollen. Manchmal ist es förderlich, sich anzupassen und manchmal völlig unproduktiv, wie im zuletzt beschriebenen Beispiel. Hätte die Referentin bei den Langzeitarbeitslosen tiefgestapelt, wäre sie eine von «ihnen» geworden nach dem Motto: Wir sind alle Versager und gehen gemeinsam unter.

Dagegen kann Ihr «Tiefstapeln» bei der Arbeit mit hochkarätigen Führungskräften absolut von Vorteil sein. Wenn Sie sich bei Topmanagern mit all Ihren Erfolgen, Triumphen und Trophäen darstellen, werden diese in der Vorstellungsrunde mit ihren Errungenschaften nachziehen. Es entsteht eine Stimmung im Raum von «we are simply the best.» Und Sie werden hinterher die größte Mühe haben, dass die Teilnehmer von ihrem Thron der Überflieger wieder heruntersteigen und an sich arbeiten wollen. Denn die «Besten» können einfach keine Schwächen, Probleme oder offenen Fragen haben.

Deshalb stellt sich ein bekannter Management-Trainer ganz bewusst mit Understatement vor: «Ich wohne in einem kleinen Haus, mit meiner kleinen Familie, in einem kleinen Dorf und ich fahre ein kleines Auto, ganz im Gegensatz zu vielen meiner Berater-Kollegen.» Nach so vielen «kleinen» Eigenschaften ist es so gut wie unmöglich, dass die Teilnehmer bei ihrer Selbstdarstellung abheben.

Je hochkarätiger Ihr Publikum ist, desto weniger müssen Sie sich beweisen – denn Ihre Legitimation ergibt sich ganz allein aus der Tatsache, dass Sie für diese anspruchsvolle Zielgruppe überhaupt gebucht wurden.

Stellen Sie sich vor, es ist gerade Seminarpause. Ihr Trainer trifft im Flur einen anderen Kollegen. Sie hören folgenden Dialog der beiden mit: «Musst du morgen auch arbeiten?» «Nein, Gott sei Dank nicht, morgen habe ich frei!» Diese wenigen Sätze sprechen Bände über die Selbstmotivation der beiden Seminarleiter, und wahrscheinlich werden Sie jetzt auf innere Distanz gehen. Wer will schon mit jemandem arbeiten, der selbst keine Freude daran hat. Überlegen Sie es sich als Referent gut, warum Sie diesen oder jenen Lehrauftrag machen. Wenn Sie es nur tun, um Ihr Geld damit zu verdienen, werden das die Teilnehmer spüren, ob Sie das wollen oder nicht.

So wird die Selbstmotivation zum Ausdruck gebracht

Ich freue mich aus drei Gründen über jede Trainerausbildung, die ich machen kann:

Erstens weiß ich, dass mich bei Trainerausbildungen sehr wissbegierige und selbstmotivierte Teilnehmer erwarten. Das empfinde ich sehr angenehm, denn mit unfreiwillig «geschickten» Teilnehmern habe ich es oft genug bei anderen Seminarthemen zu tun.

Zweitens bin ich bei einer Trainerausbildung selbst am meisten gefordert. Ich möchte natürlich mit gutem Beispiel vorangehen und all das, was ich predige, auch selbst leben. Ob mir das gelingt, können Sie in den nächsten zwei Tagen überprüfen.

Drittens ist das für mich die einzige Möglichkeit, an differenziertes Feedback zu kommen. Das Feedback von Trainer-Kollegen ist für mich lehrreicher als von allen anderen Teilnehmern. Und Sie können darauf wetten, dass ich Ihr Feedback nutze.

4.2 Die Aufmerksamkeit erhöhen

Während die Faktoren aus dem vorherigen Abschnitt im Englischen als ⇨ heart-openers (Herz-Öffner) bezeichnet werden, geht es nun im Folgenden um die so genannten *mind-openers*, wörtlich übersetzt als Gehirn- oder Geist-Öffner. Wenn Sie bereits in den ersten zehn Minuten die wichtigsten Register ziehen, kommen Ihre Zuhörer gar nicht umhin, Ihren Ausführungen richtig gespannt und aufmerksam zu folgen.

Alle drei Lerntypen aktivieren

Sie können davon ausgehen, dass in Ihren Lerngruppen immer alle ⇨ Lerntypen vertreten sind: die Visuellen (V), die Auditiven (A) und die Kinästheten (K).

Wenn Sie ein Seminar eröffnen, ist der Visuelle erst mal gut bedient. Er oder sie kann die Seminarleitung betrachten, die anderen Teilnehmer, die vorbereiteten Medien und den Raum. Auch die auditiven Zuhörer kommen auf ihre Kosten, sobald Sie zu sprechen beginnen. Dagegen haben Sie den körperorientierten Lerntyp bereits nach wenigen Minuten des «still Sitzens» verloren, wenn er oder sie nicht aktiv sein darf. Um die Kinästheten gleich von Anfang an ins Boot der Aufmerksamkeit zu holen, gibt es mehrere Möglichkeiten:

* Sie lassen die Namensschilder selbst erstellen.
* Sie lassen die Kopien in die Ordner einheften.
* Sie werfen einen Ball bei der Vorstellungsrunde.
* Sie geben die Teilnehmerliste durch zum Abhaken.
* Sie verteilen greifbares Anschauungsmaterial.
* Sie machen eine Kartenabfrage.
* Sie bitten um Handzeichen auf eine Frage …

Diese kleinen Aktionen haben nicht nur bei den körperorientierten Seminarteilnehmern eine aktivierende Wirkung. Leider lassen sich Großgruppen nur sehr schwer in Bewegung bringen – ab 100 Zuhörern Anschauungsmaterial durch die Reihen zu geben, ist einfach mehr als fragwürdig. In diesem Fall sind Sie ausschließlich auf Ihre Sprache angewiesen. Mit einer geeigneten Wortwahl können Sie trotzdem alle Sinne und damit alle Lerntypen aktivieren.

Die Organsprache benutzen

Amerikanische Forscher haben in den siebziger Jahren herausgefunden, dass die verschiedenen ⇨ Lerntypen gleiche Erfahrungen mit anderen Worten zum Ausdruck bringen. Zum Beispiel beschreibt ein Visueller, der sich an einen Irland-Urlaub erinnert: Von unserem Hotel aus hatten wir eine tolle Aussicht aufs Meer, das eine wunderschöne blaue Farbe hatte, die so gut zu dem sanften Grün auf den hügeligen Wiesen passte.

Ein auditiver Irland-Besucher würde dagegen erzählen: In Irland findet man wirklich eine herrliche Ruhe auf den Wanderungen. Und abends in der Kneipe gab es überall tolle Life-Musik. Außerdem sind die Iren sehr nett und sprechen wirklich viel mit den Touristen.

Ein Kinästhet erinnert sich an seinen Irland-Urlaub und sagt: Wir haben uns sehr wohl gefühlt in diesem Land. Die Iren sind sehr gesellig und haben uns gut behandelt. Außerdem haben wir hervorragenden Lachs gegessen. Leider hat es oft geregnet, und wir sind häufig nass geworden bei unseren Wanderungen.

Obwohl alle drei Lerntypen in Irland waren, hatten sie einen anderen Fokus, der sich in der organspezifischen Sprache wiederfand. Wenn Sie einen Vortrag halten, bei dem Sie nicht visualisieren oder ihre Zuhörer aktiv einbinden können, sind Sie auf diese ⇨ Organsprache angewiesen. Denn nur mit ihrer Hilfe ist es möglich, mit Worten alle Lerntypen gleichermaßen zu stimulieren. (Auditive, Kinästheten und Visuelle werden im Folgenden mit den Anfangsbuchstaben gekennzeichnet.)

So wird in der Organsprache ein Vortrag eröffnet

* Jetzt können Sie sich erst mal entspannt zurücklehnen und Luft holen (K), denn ich bitte Sie, mir vorab zehn Minuten Ihr Gehör zu schenken (A). Damit möchte ich den Raum der nächsten zwei Vortragsstunden für Sie etwas genauer ausleuchten (V).
* Lassen Sie uns jetzt einen Blick auf die Übersicht (V) der Vortragsinhalte werfen, damit ich Ihnen sagen kann (A), welche Schritte wir gemeinsam gehen (K).
* Vielleicht haben Sie schon etwas Geschmack (K) am Programm gefunden, vielleicht haben Sie noch Fragen, die Sie jetzt gerne stellen möchten (A), dann geben Sie mir bitte ein sichtbares Zeichen (V) und heben Ihre Hand (K).

Noch stärker als die Organsprache wirken *Metaphern*, die etwas Abstraktes auf einen mit allen Sinnen wahrnehmbaren Ausdruck übertragen. Wenn jemand beispielsweise etwas plötzlich verstanden hat, kann er es mit folgender Metapher zum Ausdruck bringen: «Ah, jetzt ist bei mir der Groschen gefallen.»

In den Köpfen der Zuhörer entsteht nun ein kleiner Film, den jeder Lerntyp in seinem Lieblingskanal empfangen kann: der Visuelle sieht eine Szene bildhaft vor sich, wo eine Münze in eine Büchse fällt, der Auditive hört das Klimpern beim Aufprall der Münze, und der Körperorientierte kann den «Plumps» der Erleichterung richtiggehend spüren. Metaphern aktivieren alle Sinne und erleichtern damit den Lernprozess.

So wird ein VAK-Film im Kopf der Zuhörer gedreht

* *zum Beispiel Seminar «Coaching»:*
  Dieses Seminar ist wie eine Angel, mit der Sie neue Erfahrungen an Land ziehen können. Wie groß Ihr Fisch an der Angel sein wird, bestimmen Sie.
  (V sieht die Angel und den Fisch, A hört das Wasser plätschern, K spürt das Ziehen des Fisches an der Angel)

* *zum Beispiel Seminar «Konflikt-Management»:*
  In diesem Seminar lernen Sie Methoden kennen, mit deren Hilfe Sie sich selbst auf dem dünnen Eis von schwierigen Beziehungen sicher auf das rettende Ufer zu bewegen.
  (V sieht die Sprünge im Eis, A hört das Knacken beim Gehen auf dünnem Eis, K spürt die Kälte und Gefahr)

* *zum Beispiel Kurs «Qualität und Arbeitssicherheit»:*
  In der Produktion zu arbeiten ohne Qualitätsschulung, ist wie ein Absprung aus einem Flugzeug ohne Erklärung des Fallschirms.
  (V sieht den freien Fall, A hört seine eigenen Hilferufe, K spürt die Angst beim Fallen.)

Mit Humor die Motivation wecken

Lachen ist der beste Weg, um die Teilnehmer zu entspannen und zugleich in einen hellwachen Zustand zu bringen. Ein humorvoller Einstieg kann selbst die uninteressiertesten Teilnehmer von ihrem Sofa der inneren Kündigung herunterholen. Gemeinsam gelacht zu haben, verbindet Menschen und sorgt von Anfang an für ein offenes Gruppenklima.

Am einfachsten bringen Sie die Teilnehmer mit einem völlig skurrilen Vergleich zum Schmunzeln. Wenn Ihr Thema von den Teilnehmern für eher trocken und langweilig gehalten wird, setzen Sie es einfach mit etwas gleich, das nicht langweilig ist. Ein Referent, der vermeintlich trockene Kostenrechnungskurse gibt, eröffnet mit folgenden Worten: «Es gibt Leute, die tatsächlich denken, Kostenrechnung wäre trocken und langweilig. Dabei ist es so aufregend wie Bungee Jumping oder ein Wer-wird-Millionär-Quiz.» Damit hat er die Lacher auf seiner Seite, und die Teilnehmer gehen mit einem angenehmeren Gefühl an seine Themen heran.

Ebenso gut kommt das Stilmittel der Ironie. Ein Referent brachte eine ganz ernste Führungskräfte-Tagung zum Lachen: «Wie Sie sehen, bin ich das Produkt meiner Eltern. Meine Mutter hatte eine große Nase und volles Haar. Mein Vater eine kleine Nase und eine Glatze. Ich habe mir das Beste von beiden herausgesucht, die Glatze von meinem Vater und die Nase von meiner Mutter.» Selbstkritische Witze der Referenten erheitern die Gemüter. Wenn Sie also eine blonde Management-Trainerin sind, dann versuchen Sie es einmal mit einem Blondinen-Witz.

So eröffnen Sie humorvoll einen Optimierungs-Workshop

Die Frösche in einem Froschteich haben ein Problem. Jedes Jahr kommen einmal die Störche vorbeigeflogen, fressen die Hälfte der Frösche und fliegen danach gestärkt weiter. Deshalb holen sich die Frösche einen Unternehmensberater. Nach vielen Analysen präsentiert er ihnen dann die Lösung:

«Erstens haben wir festgestellt, dass ihr genau wisst, wann die Störche über euch hinwegfliegen. Zweitens haben wir herausgefunden, dass es in zehn Kilometer Entfernung einen zweiten Teich gibt, über den keine Störche fliegen. Nun drittens unser Vorschlag: Kurz bevor die Störche kommen, fliegt ihr zu dem anderen Teich, wartet dort, bis die Störche vorüber sind, und fliegt dann wieder zurück in euren Teich.»

Die Frösche denken kurz nach und antworten dann: «Ihre Lösung hört sich recht gut an, nur sie hat einen großen Haken: wir können nicht fliegen!»

Darauf der Unternehmensberater ganz erbost: «Ja, wir als Berater können nur die Lösungen aufzeigen. Umsetzen müsst ihr sie schon selber!»

Damit unsere Problemlösungen nicht nur gut klingen, sondern auch umsetzbar sind, wollen wir als Berater sie jetzt mit Ihnen gemeinsam erarbeiten.

Laut die Gedanken Ihrer Zuhörer lesen

Vielleicht haben Sie bei Ihrer Zielgruppen-Analyse festgestellt, dass die Teilnehmer eher mit Widerwillen, Ängsten oder großer Skepsis an Ihrem Angebot teilnehmen. Dann können Sie diese völlig verblüffen, wenn Sie das gleich zu Beginn offen ansprechen. Die Zuhörer sind leicht geschockt, fühlen sich ertappt und sind dadurch höchst aktiviert. Sie sprechen einfach die Gedanken der Lerngruppe unverblümt und direkt aus, nur relativiert um die Zauberworte «vielleicht» oder «noch». Danach bieten Sie neue Denkrichtungen wahlweise an und überlassen es den Teilnehmern selbst, gedanklich in neue Fahrwasser zu kommen.

Vertrauen Sie darauf, dass die Teilnehmer für sich schon den richtigen Weg finden. Akzeptieren Sie, dass Sie niemanden überzeugen können – Sie können nur einen Rahmen schaffen, in dem sich Menschen leichter selbst überzeugen. Die Technik des Gedankenlesens ist dafür höchst geeignet, denn sie folgt den bewährten Prinzipien der hypnotischen Sprachmuster von Milton Erickson, dem Begründer der Hypnose-Therapie. Seine Sprache wendet sich direkt an das Unterbewusstsein und hat eine erstaunlich tiefe (heilende) Wirkung.

So ändern sich vielleicht die negativen Einstellungen

Ein interner Trainer, der von der Firmenleitung beauftragt wurde, Unternehmenskultur-Workshops durchzuführen, stieß mit seinem Programm auf massive Vorurteile. Die Zielgruppen-Analyse ergab, dass die meisten Kollegen unfreiwillig kamen. Sie hatten große Ängste, dass der Vorstand sie mit dem Workshop maßregelt und ihre Freiräume beschneidet. Deshalb eröffnete er mit den folgenden Worten:

«Ich weiß nicht, was Sie bereits über diesen Unternehmenskultur-Workshop gehört haben, *vielleicht* war es positiv, *vielleicht* war es auch negativ? Dann hoffe ich trotzdem, dass Sie zu den Menschen gehören, die sich gerne selbst eine Meinung bilden.

Ich freue mich, dass Sie heute hier sind, obwohl *vielleicht* der eine oder andere *noch* seine Zweifel an dem Workshop hat. Einige von Ihnen sind *vielleicht* dem Motto von Franz Beckenbauer gefolgt und denken sich jetzt: «Schau`n mer mal.» Wieder andere sind *vielleicht* gekommen, weil sie eine Chance darin sehen, zu erfahren und zu diskutieren, was sich der Vorstand von seinen Mitarbeitern wünscht. Und genau dafür ist dieser Unternehmenskultur-Workshop gemacht.»

Persönlichen Nutzen herausstellen

Die Lernenden stellen sich permanent die *WHID-Frage:* «Was Habe Ich Davon?» Je größer der persönliche Nutzen eingeschätzt wird, desto stärker sind die Konzentration und die Aufnahmebereitschaft. Menschen lernen in erster Linie für sich und nicht für das Unternehmen. Nicht jeder Mitarbeiter ist mit der Firma so eng verbunden, dass die Unternehmensziele per se bereits eine hohe Lernmotivation auslösen. Sie fahren immer besser, wenn Sie Ihre Argumente auf den persönlichen Nutzen der Teilnehmer abstimmen.

Dabei können Sie in zwei Hauptrichtungen argumentieren: Zum einen zeigen Sie auf, welche konkreten persönlichen Probleme Ihrer Zuhörer durch ein engagiertes Mit-

Lernen gelöst werden (Problem-Lerner). Zum anderen malen Sie in den tollsten Farben aus, welche persönlichen Chancen sich für Ihre Zuhörer mit dem neuen Wissen ergeben (Zukunfts-Lerner).

So motivieren Sie zu einer «Pflichtveranstaltung»

In einem Unternehmen müssen laut Vorstandsbeschluss alle Mitarbeiter an einem Seminar mit dem Thema «Kundenorientierte Kommunikation» teilnehmen. Die Referentin eröffnet mit folgenden Worten:

«Es gibt für Sie jetzt zwei Möglichkeiten, mit dieser ‹Pflichtveranstaltung› umzugehen: Erstens können Sie es aus Prinzip ablehnen, weil Sie nicht freiwillig hier sind und alles abwerten, was das Programm vorsieht. Wenn Sie es darauf anlegen, diese Schlacht ist nicht schwer zu gewinnen.

Die zweite und weitaus mühsamere Alternative: Sie benutzen das Programm, so gut es geht, für Ihren persönlichen Erfolg – damit Sie hinterher sagen können: ‹Ich habe die Zeit wenigstens für mich sinnvoll genutzt.› Denn dieses Seminar kann dazu beitragen, dass Sie Ihre zwischenmenschlichen Kontakte mit mehr Spaß erleben, und das gilt nicht nur für den Umgang mit Kunden.»

Spannung mit kleinen Überraschungen erzeugen

Ein biologisches Programm aus der «Steinzeit» sorgt dafür, dass wenn wir erschrecken oder Gefahr wittern, unser Körper Adrenalin freisetzt. *Adrenalin* ist bis zu einem gewissen Maß leistungssteigernd: Wir sind dann wachsamer, schneller in der Informationsverarbeitung und den Reaktionszeiten. Das sichert unser Überleben in Gefahrensituationen. Ist der *Stress* allerdings zu groß, verkehrt sich der Effekt ins Gegenteil: Unsere körperlichen und geistigen Kräfte werden blockiert. Wenn wir also die Lerngruppe in einen Zustand erhöhter Wachsamkeit führen wollen, dürfen wir sie nur ganz leicht «erschrecken».

So kann ein kleiner Schock die Zuhörer aktivieren

Eine Referentin beginnt eine Moderatoren-Ausbildung mit folgenden Worten: «Nehmen Sie bitte eine kleine Pinnwandkarte und einen dicken Stift. Schreiben Sie dann auf die Karte den Anfang eines Liedes, das Sie im Notfall auch singen könnten.»

Aus dieser Anleitung schließen die Teilnehmer, dass sie das aufgeschriebene Lied hinterher auch singen müssen. Die meisten Menschen haben Angst davor. Die Köpfe werden rot, die Augen sind weit geöffnet, denn der Schreck sitzt für Sekunden in allen Gliedern. Große Erleichterung macht sich breit, wenn die Referentin nach ein paar Minuten erklärt, dass es ihr nicht um das Lied auf der Karte geht, sondern um das Schreiben mit dem dicken Stift. Sie lässt die beschriebenen Karten nach vorne bringen und leitet gemeinsam mit der Gruppe die «optimalen Schreibregeln» für die Pinnwand-Karten ab. Durch den kleinen «Schock» sind alle Teilnehmer präsent im Hier und Jetzt dieser Ausbildung.

Es geht hier nicht darum, den Zuhörern wirklich Angst zu machen oder sie unter Druck zu setzen, sondern um eine kurzfristige Anspannung, die sofort wieder – am besten humorvoll – gelöst wird. Ein Referent eröffnet beispielsweise seine Seminare ganz unabhängig vom Thema immer mit einem Zwinkern im Auge: «Überlegen Sie es sich gut, ob Sie dieses Seminar mitmachen wollen. Es ist nicht ganz ungefährlich … Sie begeben sich vielleicht in große Gefahr …, denn es kann im schlimmsten Fall passieren …, dass Sie hier etwas lernen …, das Sie vielleicht sogar für sich persönlich nutzen können.»

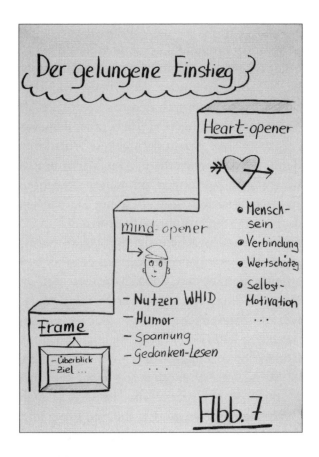

Abb. 7

4.3 Orientierung und Klarheit schaffen

Neben den Öffnern von Herz und Verstand brauchen Ihre
Zuhörer auch ein Mindestmaß an formaler Orientierung,
also einen *frame* oder Rahmen. Sie wollen wissen, wann und
wie lange, in welcher Form und vor allem warum etwas auf
sie zukommt.

Hintergründe, das Ziel und die Positionierung klären

Jede firmeninterne Weiterbildungsmaßnahme hat ihre eigene Entstehung. Die Lernenden haben ein Recht darauf zu erfahren, warum es ein bestimmtes Angebot gibt, vor allem bei Pflichtprogrammen. Mitarbeiter, die in ein Seminar geschickt werden, empfinden das häufig als Abwertung ihrer bisherigen Leistungen: «Ja, haben wir denn bisher alles falsch gemacht?» Mit einem geflügelten Wort könnten diese Bedenken zerstreut werden: «Der Volksmund sagt: Wer aufhört, sich anzustrengen, um besser zu werden, hört irgendwann einmal auf, gut zu sein.» Das beinhaltet, dass die Teilnehmer bereits gute Arbeit machen und im Kurs mehr stärken- als schwächenorientiert gelernt wird.

Wilde Spekulationen können entstehen, wenn die Mitarbeiter nicht wissen, was sich die Geschäftsleitung von einer Weiterbildungsinvestition verspricht. Eine Potenzial-Analyse zur späteren Rechtfertigung des bereits geplanten Personalabbaus kann den innerbetrieblichen Bildungsträgern den Boden des Vertrauens auf Jahre hinweg entziehen.

Wenn eine Weiterbildung nicht die erste und einzige Maßnahme im Unternehmen ist, so ist es auch ratsam, einen Bezug herzustellen zu den anderen Programmen. Die Teilnehmer wollen den roten Faden in der gesamten Personalentwicklung erkennen. Außerdem lassen sich neue Inhalte viel besser integrieren, wenn sie mit den bereits bekannten in Verbindung gebracht werden.

Die Organisation der Zusammenarbeit beschreiben

Die Teilnehmer wollen wissen, wie lange gearbeitet wird, wann das Arbeitsende geplant ist und mit wie vielen Pausen sie rechnen können. Ein paar Spielregeln zur Zusammenarbeit erleichtern den späteren Lernprozess, wie zum Beispiel
* «Wir fangen immer pünktlich an.»
* «Bitte, schalten Sie die Handys aus.»

- «Wir weichen bei Bedarf vom Programm ab.»
- «Fragen haben immer Vorrang.»
- «Wir machen kürzere Pausen, dafür häufiger ...»

An dieser Stelle kann auch die Anrede per Du oder per Sie geklärt werden. Am besten entscheidet jeder Teilnehmer für sich, wie er oder sie in dem Kurs gerne angesprochen werden möchte. Lassen Sie deshalb die Namensschilder von den Lernenden immer selbst beschriften. Sie können ja darauf hinweisen, dass dies keine endgültige Entscheidung sein muss und die Teilnehmer die Freiheit haben, zu jedem späteren Zeitpunkt noch einmal zu wechseln: vom Nachnamen zum Vornamen, wenn sie genug Vertrauen zur Gruppe haben, oder vom Vornamen wieder zum Nachnamen, wenn sie enttäuscht wurden. Vermeiden Sie die Erzeugung eines Gruppendrucks in eine bestimmte Richtung.

Auch für Referenten muss die freie Wahl gelten, ob sie den Teilnehmern das Du oder Sie anbieten. Jeder kann nur für sich selbst entscheiden, wie viel Distanz er oder sie braucht und wie viel Nähe erlaubt sein soll.

Den Überblick als roten Faden visualisieren

Lernforscher haben bewiesen, dass Menschen sich viel leichter in einem Stoffgebiet zurechtfinden, wenn man ihnen ein bekanntes Ordnungsschema anbietet, wie zum Beispiel mit Hilfe von Zahlen:
- Wir behandeln drei verschiedene Lerntypen ...
- Sie erfahren die fünf wichtigsten Kriterien für Ziele ...
- Die Trainerausbildung erfolgt in sieben Schritten ...

Zahlen als Merkhilfe und Orientierung nutzen

Nach einem zahlengestützten Grob-Überblick wissen die

Teilnehmer genau, in welchem Rahmen sie sich bewegen. Mehr Informationen würden in diesem frühen Stadium nur verwirren. Weniger ist hier wirklich mehr. Idealerweise visualisieren Sie Ihre Gliederung und platzieren sie an einer zentralen Stelle im Raum. So können sich die Teilnehmer zu jedem Zeitpunkt selbst orientieren. Wenn Sie darüber hinaus am Ende einer Lernportion die gelernten Inhalte für alle sichtbar auf der Gliederung abhaken, bieten Sie ein Höchstmaß an Klarheit.

Maximal zehn Minuten für den motivierenden Einstieg

So, nun kennen Sie die gesamte Spielwiese für die ersten zehn Minuten. Wenn Sie nur einige der beschriebenen Punkte in Ihre Praxis integrieren, werden Sie staunen, wie schnell sich ein geniales Lernklima entwickelt. Achten Sie aber darauf, dass Sie für die Orientierung sowie die Herz- und Gehirnöffner wirklich nicht länger als zehn Minuten Sprechzeit verwenden. Die Effekte verpuffen leicht, wenn die Teilnehmer schon ungeduldig darauf warten, bis es endlich zur Sache geht.

Der motivierende Einstieg

Heart-openers: Die Herzen der Zuhörer gewinnen
- Sich als Trainer und Mensch vorstellen
- Eine Verbindung zur Lerngruppe herstellen
- Der Lerngruppe Wertschätzung vermitteln
- Ehrliche Versprechen und Wünsche offen äußern
- Sich als Experte legitimieren
- Die Selbstmotivation des Referenten offen legen

Mind-openers: Die Aufmerksamkeit der Zuhörer erhöhen
- Alle drei Lerntypen aktivieren
- Die Organsprache sprechen oder Metaphern nutzen
- Mit Humor die Motivation wecken
- Laut die Gedanken der Zuhörer lesen
- Persönlichen Nutzen herausstellen (WHID-Frage)
- Spannung mit kleinen Überraschungen erzeugen

Frame: Orientierung und Klarheit schaffen
- Die Hintergründe, das Ziel und die Positionierung klären
- Die Organisation der Zusammenarbeit beschreiben
- Den Überblick als roten Faden visualisieren
- Zahlen als Merkhilfe und Orientierung bieten

Maximal zehn Minuten für den motivierenden Einstieg!

5. Das nützliche Kennenlernen

Lauf erst mal 1000 Meilen in meinen Schuhen, dann kannst du sagen, dass du mich kennst.

SPRICHWORT

In vielen betrieblichen Lernsituationen bedarf es der gegenseitigen Vorstellung der Teilnehmer, wie zum Beispiel bei
* einem Kick-Off-Meeting für ein neues Projekt,
* dem Einleiten eines Erfahrungsaustausches,
* Workshops mit internen und externen Experten
* abteilungsübergreifenden Schulungen.

Wenn Sie das Kennenlernen geschickt organisieren, dann schaffen Sie von Anfang an ein lernförderndes Gruppenklima. Das miteinander und voneinander Lernen wird dann zum Vorteil für alle Beteiligten am Lernprozess!

5.1 Beste Rahmenbedingungen schaffen

Stellen Sie sich vor, Sie sind eingeladen zu einem Workshop oder einem Training. Sie machen sich auf den Weg zum Veranstaltungsort mit Ihrem unsichtbaren Gepäck an Erwartungen und Unsicherheiten darüber, was wohl auf Sie zukommen mag. Jetzt betreten Sie den Seminarraum und nehmen Folgendes wahr:
* der Referent ist noch hektisch in der Vorbereitung,
* der Referent erwidert nur flüchtig Ihren Gruß,
* der Raum ist schlecht belüftet und belichtet.

Innerhalb von wenigen Sekunden werden Sie diese Wahrnehmungen – ob bewusst oder unbewusst – zu einem ersten Eindruck verarbeitet haben. Sehr wahrscheinlich landet der beschriebene Referent vorerst in den Schubladen: unfreundlich, schlecht vorbereitet und vielleicht gar überfordert. Nach so einem *Erstkontakt* bleibt ein unangenehmes Gefühl zurück, und der Referent wird es später, wenn es «richtig» losgeht, sehr schwer haben, Sie von Ihrem ersten Eindruck zu lösen. «First impressions go a long way», sagen die Amerikaner dazu.

Dazu ein Negativ-Beispiel aus der Seminar-Praxis

Ein Referent hatte zu Beginn seiner Rede mit dem Stehmikrofon seine Schwierigkeiten. Während er damit herumhantierte, sagte er: «Wie Sie sehen, geht das Mikrofon schon vor mir in die Knie ... ich hoffe, Sie können mich jetzt alle verstehen ... zumindest akustisch.» Danach kam die offizielle Begrüßung, in der er die Zuhörer mit Komplimenten überhäufte. Alle im Raum spürten, dass das nicht sein wahres Gesicht war. In diesen ersten völlig unbedachten Worten hatte sich seine Überheblichkeit bereits gezeigt: Er offenbarte indirekt seine Zweifel an den intellektuellen Fähigkeiten des Publikums. Die Stimmung im Vortragssaal kippte bereits nach 30 Minuten. Mehr und mehr überkritische Fragen hatten den Ablauf gestört.

Seminare, Workshops und Vorträge beginnen offensichtlich weit vor der offiziellen Begrüßung. Alles ist relevant für die erste Meinungsbildung der Teilnehmer, von der Ankündigung der Veranstaltung über die Einladung bis hin zum ersten Sichtkontakt mit dem Trainer. Eine Zielgruppe, die mit höchst professionellen Werbemaßnahmen gewonnen wurde, bringt auch eine entsprechend hohe Erwartungshaltung mit. Aus diesem Grund ist bei erfolgreichen Trainern das Budget für die eigene Weiterbildung in der Regel höher als das für Werbung und Akquisition. Wenn Ihnen die Zufriedenheit der Teilnehmer am Herzen liegt, sorgen Sie dafür, dass es zwischen der Ankündigung der Veranstaltung und der Ausführung kein Qualitätsgefälle nach unten gibt.

Die Zuhörer wie gern gesehene Gäste behandeln

Die Teilnehmer haben auch ohne Fachkenntnisse ein feines Gespür für die wirkliche Qualität einer Weiterbildung. Selbst bei routinierten Trainern ist es zu merken, wie viel Mühe in die Vorbereitung gesteckt wurde. Genauso macht es einen Unterschied, ob der Referent ausgeschlafen oder total abgeschafft ankommt. Unsere Zuhörer haben es verdient, dass wir ihnen in unserem besten Zustand begegnen und sie behandeln, wie gern gesehene Gäste.

Bereiten Sie sich optimal auf Ihre «Gäste» vor: Kaufen Sie für Ihren Besuch das Beste an eigener Weiterbildung ein, schaffen Sie vor seiner Ankunft eine angenehme Raumatmosphäre und backen Sie den Kuchen nicht erst dann, wenn der erste Gast schon klingelt. Oder würden Sie einem Gastgeber glauben, dass er sich über Ihren Besuch freut, wenn er nichts für Sie vorbereitet hat und noch im Schlafanzug dasteht? Entscheiden Sie sich bewusst, welchen Erstkontakt Sie Ihren Teilnehmern zumuten.

Einen optimalen Rahmen schaffen

Bereiten Sie sich auf die Teilnehmer vor!
- Qualifizieren Sie sich optimal für den Auftrag
- Einheitliches Niveau von Werbung und Durchführung
- Mit einer guten Vorbereitung Wertschätzung zeigen
- Sich als Referent selbst in einen guten Zustand bringen

Gestalten Sie den Raum, bevor die Lernenden ankommen!
- Tische, Stühle – die optimale Sicht nach vorne überprüfen
- Stifte, Seminarunterlagen und Namensschild auslegen
- Getränke, Gläser, Öffner in Reichweite aufstellen lassen
- Auf Beleuchtung achten, Sonnenschutz einrichten
- Lüften und Raumtemperatur einstellen
- Literatur, Anschauungsmaterial auslegen
- Medien vorbereiten und bewusst platzieren
- Eventuell Musik einlegen, Duftlampe anmachen

Empfangen Sie die ankommenden Teilnehmer sofort!
- Herzliche Begrüßung mit Worten und/oder Gesten
- Begrüßung per Hand, falls die Gruppe nicht zu groß ist
  Bieten Sie etwas an, seien Sie ein guter Gastgeber:
  «Hier können Sie die relevanten Bücher einsehen!»
  «Möchten Sie einen Blick in Ihre Unterlagen werfen?»
  «Nehmen Sie doch bitte Platz!»

5.2 Fragen für die Vorstellung wählen

Die Gestaltung der Vorstellung hängt in hohem Maße vom Ziel der gesamten Veranstaltung ab. Die Zeit, die für die Vorstellungsrunde genutzt wird, muss im Sinne der Lernziele sinnvoll angelegt sein und in einem guten Verhältnis zur gesamten verfügbaren Zeit stehen. Wenn Sie nur einen Seminartag Zeit haben und dann zwei Stunden allein für das Kennenlernen verwenden, werden alle Teilnehmer sauer. Bedenken Sie, dass kaum jemand in ein Seminar geht, nur um nette Menschen zu treffen. Jede Minute, die Sie zu viel in das gegenseitige ⇨ Kennenlernen investieren, fehlt Ihnen später. Aufwand und Nutzen der Vorstellungsrunde müssen in einem angemessenen Verhältnis stehen.

Prüfen Sie, ob es für den Lernerfolg wirklich notwendig ist, dass sich die Teilnehmer persönlich näher kennen. Bei einem EDV-Kurs wird es den Lernenden ziemlich egal sein, welche Hobbys im Raum gepflegt werden. Hier eignet sich ein so genannter *Kalt-Start*: Die Teilnehmer bearbeiten sofort in Kleingruppen eine Aufgabe oder ein Thema. Im Rahmen dieser Zusammenarbeit ergeben sich das Kennenlernen und eine gewisse Gruppendynamik ganz von selbst. Außerdem gibt es den Pausen-Smalltalk, wo sich die Lernenden auf eigene Faust näher beschnuppern können.

Der Kalt-Start ohne Vorstellungsrunde

Doch bei aller Liebe zum Zeitsparen ist der Kalt-Start ohne Vorstellungsrunde dennoch nicht das Maß aller Dinge. Gerade bei sensiblen Themen bedarf es einer Einstimmung, um nicht mit der Tür ins Haus zu fallen. Die meisten Teilnehmer kommen unmittelbar aus dem Tagesgeschäft in ein Seminar. Mit der Vorstellungsrunde haben sie die Chance, sich langsam von ihrem Stress zu lösen und sich auf das Hier und Jetzt des Lernangebotes zu konzentrieren.

Manchmal ist eine Vorstellungsrunde sogar sinnvoll, obwohl sich alle kennen, wie zum Beispiel bei einer Teamentwicklung. Hier geht es ja genau darum, die alten Kollegen besser zu verstehen, neue Seiten an ihnen zu entdecken und Bekanntes einmal aus einem anderen Blickwinkel zu betrachten. Eine Vorstellungsrunde mit Fragen, über die sich Kollegen normalerweise nicht austauschen, kann den Grundstein legen für ein neues «besseres» Miteinander im Team.

Geeignete Fragen, wenn die Gruppe sich bereits kennt

* Was hier vielleicht noch keiner über mich weiß?
* Eine Freude, eine Sorge und ein Wunsch von mir?
* Was mir wirklich am Herzen liegt?
* Was mir in der Zusammenarbeit mit meinen Kollegen oder meinem Chef wichtig ist?

Um die Zeit der Vorstellungsrunde effizient zu nutzen, braucht es spannende und lernzielorientierte Fragestellungen. Langweilige Fragen, wie die nach der Betriebszugehörigkeit oder der Funktion, eignen sich ohnehin nicht, da sie ganz schnell unnötige Hierarchien in die Lerngruppe einziehen. Routinierte Kursleiter verzichten ebenfalls auf zu private Fragen, um die Teilnehmer nicht in Verlegenheit zu bringen: Wer möchte schon vor einer Gruppe sagen, dass er geschieden ist oder noch keine Kinder hat, aber gerne welche hätte?

Persönliche Nähe auf der Ebene «Mensch» schaffen

Fragen, die Menschen sehr nahe kommen, wollen ohnehin gut überlegt sein. Doch manchmal sind sie unverzichtbar, um für tiefer gehende Einsichten zu öffnen. Zum Beispiel persönlichkeitsbildende Seminare erreichen erfahrungsgemäß mehr, wenn die Teilnehmer ein Stück weit persönliche Nähe zulassen. Führungskräfte entwickeln sich nicht, solange sie in ihrer Führungsrolle feststecken – denn Funktionen lassen sich nicht bewegen, lernen kann nur der einzelne Mensch. Deshalb ist es gerade im Management-Training unverzichtbar, die Teilnehmer mit Hilfe von Fragen auf die Ebene Mensch zu führen.

Fragen, die vorsichtig auf die Ebene «Mensch» führen

* Was mein bester Freund über mich sagen würde?
* Wo ich mich zu Hause fühle?
* Wie ich zu meinem Vornamen kam?
* Was mich manchmal von anderen Menschen unterscheidet?

Psychologische Fragen eher meiden

Psychologische Fragen zielen auf die Persönlichkeit und damit auf das innerste Wesen der Teilnehmer. Solche Fragen passen nicht in jede Schulung. In den Antworten gibt der Einzelne einiges über sich preis. Das muss auch im Rahmen des Seminars Sinn machen. Und vor allem sollte die Seminarleitung therapeutisch ausgebildet sein, um damit umgehen zu können. Sonst besteht die Gefahr, dass irgendwelche Hobby-Psychologen vorschnell falsche Schubladen anlegen. Die Frage ist ohnehin, ob die Teilnehmer nicht überfordert sind, wenn sie gleich zu Beginn in eine anspruchsvolle Selbstreflexion einsteigen sollen. Nur für psychologisch «vorbelastete» Zielgruppen wäre das eine willkommene Herausforderung.

Eher harmlose psychologische Fragen für den Beginn

* Wenn ich eine Blume wäre, was möchte ich sein?
* Wenn ich ein Tier wäre, was wäre ich dann?
* Meine Lieblingsfarbe ist ..., weil ...

Manchmal werden Lernangebote aus einer Krisensituation heraus angenommen, wie zum Beispiel ein Bewerbungstraining von Arbeitslosen oder eine *Mediation* von einer völlig zerstrittenen Abteilung. Dann können Sie darauf warten, dass die Teilnehmer ihre Problemtöpfe ganz schnell öffnen und sich gegenseitig in einer Negativspirale nach unten jammern. Wenn Sie das als Referent vorab schon wissen, dann sollten Sie sich Ihre Einstiegsfragen besonders gut überlegen.

Die Wunderfrage stellen

Menschen im *Problemzustand* verbrauchen ihre ganze Energie für das Beschreiben und Beklagen ihrer Schwierigkeiten. Es ist typisch an dieser Verfassung, dass weder über Lösungen nachgedacht wird noch über bereits vorhandene Ressourcen. Mit Warum-Fragen zur Problemanalyse würden Sie die Krise nur vertiefen. Viel weiter bringt Sie und die Lernenden die so genannte Wunderfrage, die von Insa Sparrer, der Mitbegründerin der *systemischen Strukturaufstellungen* entwickelt wurde.

Die lösungsorientierte Wunderfrage

«Ich stelle Ihnen jetzt eine eher merkwürdige und vielleicht nicht ganz einfache Frage. Stellen Sie sich vor, es würde ein Wunder geschehen und dieser Workshop wäre ein voller Erfolg, woran würden Sie das in den nächsten Tagen und Wochen merken? Und wer außer Ihnen würde es sonst noch bemerken?»

Die Wunderfrage führt die Zielgruppe gedanklich unmittelbar vom Problemzustand in den Lösungsraum. Den Teilnehmern bleibt gar nichts anderes übrig, als sich von ihrem Problem innerlich zu distanzieren. Und wer schon mal weiß, wie es sich anfühlt, wenn das Ziel erreicht ist, wird leichter den Weg dorthin finden.

Mit Fragen einen Perspektivenwechsel auslösen

In der Wunderfrage steckt ein Perspektivenwechsel auf der Zeitschiene. Die Teilnehmer werden in die Zukunft geführt, in die Zeit unmittelbar nach der Lösung des Problems. Häufig sind die Betroffenen in der Gegenwart oder der Vergangenheit verhaftet. Jeder Trainer kennt die Killer-Phrasen: «Das haben wir immer schon so gemacht» oder «Das hat noch nie funktioniert». Jede Perspektive ist für sich eingeschränkt. Wer beispielsweise nur die unmittelbare Gegenwart sieht, beschäftigt sich nicht gründlich genug mit der Entstehung und den Ursachen des Problems. Oder er trifft kurzsichtige Entscheidungen, ohne die späteren Konsequenzen zu bedenken.

Jede neue Perspektive liefert auch neue Einsichten und Ideen. Workshops und Projekte laufen dann am besten, wenn zwischen den verschiedenen Positionen ein reger Austausch stattfindet. Der berühmte *Walt Disney* benutzte den Perspektivenwechsel konsequent in seinem Unternehmen. Jedes neue Projekt musste von drei verschiedenen Positionen aus bearbeitet werden: zuerst vom Standpunkt eines zukunftsorientierten Visionärs, der den Ideen freien Lauf lassen durfte. In der zweiten Phase wurde die Position eines Kritikers eingenommen, der die Erfahrungen der Vergangenheit einwerfen sollte. Was dann von den Träumereien des Visionärs noch übrig blieb, kam in die Hände der Realisten, die dann an der Verwirklichung der Ideen im Hier und Jetzt arbeiteten.

Fragen zum Perspektivenwechsel in der Zeit

* Wenn wir zehn Jahre weiter wären, was sollten wir im Unternehmen unbedingt bewahrt (bewegt) haben?
* Aus welchen Erfahrungen haben wir in der Vergangenheit am meisten gelernt?

- Wenn es nur noch Heute gäbe, was würde ich dann tun? Was würde ich nicht mehr tun?
- Was möchte ich meinen Enkeln über mein Leben erzählen?

Ein *Perspektivenwechsel* ist nicht nur in der Zeit, sondern auch mit den Sichtweisen verschiedener Menschen möglich. Ein weit verbreitetes Hindernis für die Lösungssuche liegt in der Ich-Perspektive der Problemträger. Jeder sieht die Dinge nur aus seiner Brille mit seinem Modell der Welt: Ein Kind betrachtet ein Problem anders als ein alter Mensch, eine Frau anders als ein Mann und ein Steinzeitmensch anders als ein Mr. Spock aus dem Raumschiff Enterprise. Viele Missverständnisse und Konflikte könnten vermieden werden, wenn sich die Parteien mal in den anderen hineinversetzten.

Fragen zum Personen-Perspektivenwechsel

- *zum Beispiel Seminar «Kundenorientierung»:*
  Wenn Sie selbst Kunde sind, was bringt Sie ganz schnell dazu, den Anbieter zu wechseln?

- *zum Beispiel Seminar «Konfliktmanagement»:*
  Wenn Sie selbst kritisiert werden, wie können Sie Kritik am besten verkraften?

- *zum Beispiel Bewerbungstraining für Langzeitarbeitslose:*
  Wenn Sie ein gnadenloser Optimist wären, wie würden Sie dann über ihre Situation denken?

- *zum Beispiel Workshop «Wissensmanagement»:*
  Wenn unser größter Konkurrent bei uns einbrechen würde, was könnte der wissen wollen?

- *zum Beispiel Optimierungs-Workshop:*
  Wenn Sie der Vorstand dieses Unternehmens wären, was würden Sie bewahren und was bewegen?

Eine weitere Variante in der Schublade Perspektivenwechsel ist die *Provokation*. Der Referent konfrontiert mit einer Meinung, die der Teilnehmer komplett ablehnt – aus welchen Gründen auch immer. Diese völlig andere Sicht der Dinge löst in der Regel heftige Emotionen aus. Nur erfahrene Trainer sollten mit provozierenden Fragen experimentieren, obwohl durch die Konfrontation Positives in Bewegung kommen kann.

Mit provozierenden Fragen viel bewegen

Im Bewerbungstraining für Langzeitarbeitslose erklärte der Referent zum Beispiel zu Beginn den Teilnehmern, dass in jeder Krise auch eine Lernchance stecke. Dann stellte er bei der Vorstellungsrunde folgende Frage:

«Was haben Sie gerade durch die lange Zeit der Arbeitslosigkeit gelernt, was andere, die immer Arbeit hatten, vielleicht nicht wissen oder können?»

Die Teilnehmer waren erst völlig verwirrt und konnten sich gar nicht vorstellen, in welchen Punkten sie den Arbeitenden überlegen sein sollten. Aber nach einigen Minuten hatte doch jeder etwas auf seiner Karte stehen, wie beispielsweise: «Ich habe gelernt, mit Ämtern umzugehen und Formulare auszufüllen», oder: «Ich habe gelernt, echte Freunde von falschen zu unterscheiden», oder: «Ich habe gelernt, mit wenig Geld ein zufriedenes Leben zu führen.» Mit diesen Einsichten fanden die Teilnehmer eine neue Bewertung ihrer Situation: Sie konnten die langen Jahre der Frustration als wichtige Station in ihrer persönlichen Entwicklung begreifen.

Solange die Teilnehmer Wut und Ärger über die Missstände lähmt, sind sie kaum in der Lage, ihre Perspektive zu verlassen. Deshalb ist es die erste Aufgabe des Trainers, die Lerngruppe in eine positivere Grundstimmung zu führen.

Durch Fragen eine positive Stimmung erzeugen

Menschen fühlen sich ganz schnell wunderbar, wenn sie sich an ein schönes Erlebnis erinnern und davon erzählen können. Wer kennt sie nicht, die Urlaubsberichte, die den Erzähler zum Leuchten bringen? So ein guter Zustand ist sowohl für die Aufnahmefähigkeit als auch für das Gruppenklima von Vorteil – und Sie als Referent können ihn mit geschickten Fragen aktivieren.

Stimmungsaufhellende Fragen zum Kennenlernen

* Worüber können Sie sich so richtig freuen?
* Wann haben Sie das letzte Mal herzhaft gelacht?
* Was tun Sie richtig gerne?
* Wofür sind Sie dankbar?
* An welchem Ort können Sie entspannen?
* Ein Lied, das Sie sehr gerne hören?
* Ein Gericht, das Sie sehr gerne essen?
* Ein Highlight in meiner täglichen Arbeit?
* Was sollte sich auf gar keinen Fall ändern?

Bereits eine dieser Fragen genügt in der Regel, um die Teilnehmer in einen ressourcevollen Zustand zu führen. Aber das gilt nicht für jede Zielgruppe. Wenn es sich beispielsweise um Teilnehmer mit wirklich ernsten und schwer wiegenden Problemen handelt, kann sich die Stimmung durch derartige Fragen sogar verschlechtern.

Ein Referent, der ein Bewerbungstraining für Langzeit-arbeitslose abhalten wollte, bekam dies zu spüren. Er befragte die Teilnehmer in der Vorstellungsrunde, worauf sie denn stolz wären. Als Antwort bekam er die blanke Aggression der Gruppe. Der Denkschritt vom «Ich habe versagt» zum «Ich kann auf etwas stolz sein» war für diese Teilnehmer einfach zu groß.

Mit Fragen zum Thema hinführen

Am effektivsten sind Fragen in der Vorstellungsrunde, die bereits eine Hinführung zum Thema beinhalten, wie zum Beispiel über den Kenntnisstand der Teilnehmer, ihre Erwartungen, ihre bisherigen Erfahrungen oder die mitgebrachten Einstellungen bzw. Meinungen zum Thema.

Fragen mit einem hohen Themenbezug

* Woran denken Sie, wenn Sie den Seminartitel oder den Begriff «X» hören?
* Was ist Ihre wertvollste Erfahrung in dem Thema?
* Ihr Top-Tipp zum Thema?
* Was fällt Ihnen bereits leicht in dem Thema?
* Was fällt Ihnen noch manchmal schwer?

Für Referenten ist vor allem die Erwartungsabfrage von Bedeutung. Nur wenn Sie wissen, was die Lerngruppe braucht, können Sie flexibel darauf eingehen. Es ist immer wieder erstaunlich, wie wenig sich manche Teilnehmer vorab Gedanken darüber machen, was Sie mit einem Lernangebot erreichen wollen. Fragen mit einem hohen Themenbezug sind vor allem für die Lernenden wichtig, die «nach allen Seiten offen» sind und sich im Seminar «überraschen lassen wollen».

Es macht einen Unterschied, ob Sie die Teilnehmer nach ihren Wünschen, ihren Erwartungen oder ihren Zielen befragen. Vermeiden Sie in der Abfrage den Begriff «Wunsch», denn Wünsche haben Märchencharakter: Sie dürfen unrealistisch sein und werden gewöhnlich von einem überirdischen Wesen erfüllt. Wenn Sie das als Referent nicht sind oder nicht sein wollen, dann benutzen Sie besser einen anderen Begriff. Ein Wünschender braucht nichts zu tun, außer zu wünschen und abzuwarten, ob er «es» bekommt. Er ist vom Goodwill der guten Fee bzw. des Referenten abhängig.

Fragen Sie die Lernenden lieber nach ihren Zielen als nach ihren Erwartungen. Erwartungen kommen von den Teilnehmern und müssen vom Trainer erfüllt werden. Ziele dagegen kann jeder nur für sich selbst definieren, und es ist dabei ganz klar, dass man sich für die Erreichung der selbstgesteckten Ziele auch selbst anstrengen muss. Mit der Frage «was sind Ihre Ziele für dieses Seminar» nehmen Sie die Teilnehmer indirekt in die Verantwortung für den Erfolg der Veranstaltung.

So erfragen Sie die Erwartungen der Teilnehmer

* Was sind Ihre Ziele für diese Veranstaltung?
* Was lockt Sie ausgerechnet an diesem Thema?
* Welche Fragen möchten Sie unbedingt bis zum Ende der Veranstaltung klären?

Die Ziele der Teilnehmer visualisieren

Wenn es Ihnen wirklich ernst damit ist, den Lernbedarf der Teilnehmer zu decken, sollten Sie die Ziele oder offenen

Fragen schriftlich festhalten und visualisieren. So können Sie immer mal wieder gemeinsam mit der Lerngruppe überprüfen, ob Ihr Angebot noch passt. Wenn Sie jedoch als Referent in Ruhe Ihr Standard-Programm durchziehen wollen, verzichten Sie besser auf die «Erwartungsabfrage». Die Teilnehmer verzeihen es nicht, wenn sie nur eine Alibifunktion hatte.

Die Lernenden haben in der Regel ein großes Interesse daran zu wissen, was die anderen in der Gruppe wirklich über ein bestimmtes Thema denken. Wenn Sie als Referent befürchten, dass auf offene Fragen nur sozial erwünschte Antworten kommen, dann gibt es zwei Möglichkeiten, um zu ehrlichen Aussagen zu kommen: entweder die anonyme Kartenabfrage oder ein Stimmungsbild mit einer Skalierungsfrage.

Beim Gruppenspiegel die Anonymität wahren

Bei der anonymen *Kartenabfrage* erhält jeder Teilnehmer einige Pinnwand-Karten, auf die er mit einem dicken Stift in Druckbuchstaben seine Ideen schreibt. Die Handschrift ist so nicht mehr erkennbar und die Anonymität gewahrt. Der Referent sammelt die Karten ein und steckt sie für alle sichtbar auf eine Pinnwand. Nun folgt eine thematische Ordnung der Karten, damit gleiche oder ähnliche Aussagen zusammengeführt werden. So werden Einzel- und Mehrheitsmeinungen deutlich. Die Kartenabfrage spiegelt verbal die Meinung der Gruppe. Auch unbequeme Standpunkte sind vertreten. Deshalb eignet sich das Vorgehen für schnelle Problem-Analysen.

Beispiele für eine anonyme Kartenabfrage:

* Was müsste sich ändern, damit Sie mit mehr Spaß und Erfolg in diesem Unternehmen arbeiten?
* Was hindert Sie an Ihrem Arbeitsplatz daran, noch kundenorientierter zu agieren?
* Welche Themen möchten Sie in diesem Workshop bearbeiten? Was soll angesprochen werden?

Auch die *Skalierungsfrage* wahrt die Anonymität. Sie bietet eine Frage oder ein Statement an und dazu ein Bewertungssystem in Zahlen (statt Zahlen werden auch ☺ Smileys verwendet).

Beispielsweise sollen die Teilnehmer am Projekt- oder Seminarbeginn ihre momentane Stimmung auf einer Skala von 1 bis 10 ausdrücken. Dazu erhalten sie Klebepunkte, auf die sie die Zahl notieren, die ihre Meinung am ehesten trifft. Der Referent sammelt die Punkte anonym ein und visualisiert das Stimmungsbild. Gemeinsam kann nun die Verteilung diskutiert werden.

Pädagogen empfehlen die 10 für die beste Bewertung zu vergeben und die 1 für die schlechteste, um keine Altlasten von der Schulbenotung in die Skalierung zu bekommen. Ein weiterer Vorteil der Zehnerskala liegt darin, dass es keine Zahl in der Mitte gibt und die Beurteiler sich entscheiden müssen für die eher bessere (von 6 bis 10) oder eher schlechtere Hälfte (von 1 bis 5). Die «Tendenz zur Mitte» als Beurteilungsfehler wird damit etwas reduziert.

Die Zehnerskala ist noch überschaubar und doch differenziert genug, um Unterschiede und Gemeinsamkeiten im Urteil der Zielgruppe deutlich zu machen. Wenn Sie die Anfangsbewertung nochmal am Ende Ihres Kurses einsetzen wollen im Sinne eines Vorher-Nachher-Vergleiches, brauchen die Teilnehmer auf jeden Fall die Zehnerskala. Nur so ist es möglich, auch kleinere Veränderungen zum Ausdruck zu bringen.

Beispiele für Skalierungsfragen

* Wie hoch ist Ihre Motivation, heute an diesem Kurs teilzunehmen?
* Wie viel Vertrauen setzen Sie in diese Maßnahme?
* Wie groß ist Ihre eigene Verhandlungsbereitschaft in diesem Konflikt?
* Wie groß ist Ihr Leidensdruck in diesem Thema?
* Wie stark ist Ihr Wunsch, etwas zu bewegen?
* Wie groß ist Ihre Bereitschaft, neue Erfahrungen zu machen?

Wie Sie sehen, liegen in der Fragestellung für die Vorstellungsrunde viele Chancen. Nutzen Sie diese im Sinne der Lernziele der gesamten Veranstaltung!

5.3 Das Kennenlernen organisieren

Beim Kennenlernen spielt die Gruppengröße eine bedeutende Rolle. Wenn Sie 20 Teilnehmer in der Vorstellungsrunde nach ihren Zielen und anderen Themen befragen, sind zwei Stunden um, und keiner weiß mehr, was im Einzelnen gesagt wurde. Bei vielen sich wiederholenden Aussagen macht sich zwangsläufig die Langeweile breit. Doch dem kann abgeholfen werden: eine schnelle und effektive Methode für die Vorstellung einer größeren Gruppe ist der so genannte Informations- oder *Meinungsmarkt*. Der Zeitaufwand beträgt zwischen 10 und 15 Minuten, je nach Gruppengröße und Anzahl der zu beantwortenden Fragen.

Mit dem Meinungsmarkt Großgruppen vorstellen

Sie bereiten mehrere Pinnwände vor und legen mit den Namen aller Teilnehmer und den Fragen für das Kennenlernen eine Matrix an. Alle antworten mit Stichpunkten auf Pinnwand-Karten und kleben sie zu ihrem Namen. Die Antworten sind für die gesamte Tagungsdauer sichtbar. Sie brauchen nicht explizit darüber zu sprechen, denn jeder im Raum hat die Chance, sich den Informationsmarkt in den Pausen genauer anzuschauen.

Wenn es sich um eine sehr große Gruppe handelt, dann können Sie auch mit einer Sofortbild-Kamera von den ankommenden Teilnehmern Fotos schießen und zum Namen dazu kleben. So haben Sie oder die Teilnehmer die Chance, jemanden später gezielt anzusprechen und genauer nachzufragen.

Ein Meinungsmarkt für eine Trainerausbildung

Name	Was mich am Trainer-sein lockt?	Meine Ziele für diese Ausbildung?

Ein Meinungsmarkt für ein Seminar «Präsentation»

Name	Was mir beim Präsentieren leicht fällt?	Was mir beim Präsentieren noch schwer fällt?

Der Meinungsmarkt eignet sich auch für kleine Gruppen, wenn für die Vorstellungsrunde Fragen gestellt wurden, über die der Einzelne erst mal ein wenig nachdenken möchte.

Mit Mnemotechnik die Namen der Teilnehmer merken

Eine weitere Schwierigkeit bei der Vorstellungsrunde innerhalb von Gruppen ist, dass sich kein Mensch die vielen Namen merken kann. Bei Tagungen über 25 Personen empfehlen sich Namensschilder. Bei kleineren Gruppen kann eine ⇨ Mnemotechnik in der Vorstellungsrunde hilfreich sein. Das funktioniert so ähnlich, wie beim Party-Spiel «Wir packen einen Koffer und nehmen … mit».

Die Vorstellung mit der Mnemotechnik

Der Referent bittet die Teilnehmer, sich mit ihrem Namen und ihrem Lieblingsurlaubsort vorzustellen. Er gibt den Tipp, sich eine möglichst konkrete Vorstellung zu machen, wie sich der betreffende Teilnehmer mit einem großen Namensschild um den Hals gerade an seinem Urlaubsort befindet. Dann beginnt die Vorstellungsrunde. Die erste Teilnehmerin sagt: «Ich bin die Maria und fahre gerne nach Hawaii.» Der nächste Teilnehmer muss immer das wiederholen, was der Vorgänger gesagt hat, zum Beispiel: «Vor mir sitzt die Maria, die fährt gerne nach Hawaii, und ich bin der Peter und fahre gerne in die Südtiroler Berge.» Der Letzte in der Runde hat es am schwersten, denn er muss erst alle Namen und Urlaubsorte aufzählen, bevor er sich selbst vorstellen kann. Der allerletzte ist der Referent und wiederholt die ganze Gruppe. Zeitaufwand je nach Gruppengröße zwischen 20 und 30 Minuten.

Wichtig bei der Anleitung ist eine kurze Erklärung der *Mnemotechnik*. Die Teilnehmer können sich einen Namen viel leichter merken, wenn sie ihn in Verbindung mit einer konkreten Vorstellung bringen. Namen sind deshalb so schwer zu behalten, weil sie abstrakte Begriffe sind, die man sich nicht vorstellen kann. Wenn wir dagegen einen Urlaubsort hören, dann haben wir sofort konkrete Bilder im Kopf, zum Beispiel bei Hawaii die Palme und das Meer. In der Verbindung von Abstraktem mit Konkretem liegt die Lernchance. Nach dieser Übung wissen die Teilnehmer voneinander nicht nur die Namen, sondern sind sich auch auf der Ebene Mensch ein wenig näher gekommen. Es gibt nun jede Menge Anknüpfungspunkte für den Pausen-Smalltalk. Außerdem sind, mit so vielen schönen Urlaubsbildern in den Köpfen, alle in einer guten Stimmung.

Mit dem Partnerinterview Vertrautheit schaffen

Eine einfache und von Referenten häufig benutzte Vorstellungsübung ist das so genannte Partnerinterview:

Jedes Gruppenmitglied unterhält sich zehn Minuten lang mit seinem unmittelbaren Sitznachbarn. Die Zweiergruppen befragen sich gegenseitig über all das, was sie wirklich interessiert – oder der Referent gibt die Gesprächsthemen bereits lernzielorientiert vor. Im Anschluss daran stellt im Plenum jeder seinen Partner vor.

Das hat folgende Vorzüge: Erstens lernen sich die zwei Menschen im Partnerinterview recht gut kennen, was ihnen Sicherheit vermittelt. Zweitens geht die Vorstellungsrunde im Plenum an sich viel schneller, weil die Partner nicht alles behalten können und nur eine Kurzzusammenfassung des Gespräches abliefern. Drittens kann es ein ganz interessantes Feedback sein, zu hören, wie man von einem anderen Menschen nach eigenen Angaben vorgestellt wird. Der Zeitaufwand beträgt bei zwölf Teilnehmern etwa 30 Minuten.

Im Partnerinterview Geheimnisse anvertrauen

Eine weitere Variante des Partnerinterviews: Der Referent gibt vorab jedem eine kleine Pinnwandkarte und bittet, auf diese Karte drei persönliche Themen zu schreiben, über die er oder sie nicht so ohne weiteres mit jemandem sprechen würde. Die Teilnehmer brauchen ihre fertigen Karten nicht vorzeigen. Dann haben sie 15 Minuten Zeit für einen Spaziergang zu zweit, bei dem jeder seinem Gesprächspartner eines seiner Geheimnisse anvertraut. Wichtig ist, bei der Anleitung zu sagen: «Sie können über ihr ‹Geheimnis› sprechen, müssen es aber nicht!» So wird in kürzester Zeit Vertrauen und Offenheit in einer Lerngruppe gefördert. Der Nachteil ist, dass die Ergebnisse der Zweiergespräche nicht ins Plenum getragen werden und damit nur das Kennenlernen von jeweils zwei Menschen gesichert ist.

Mit Malübungen die Kreativität fördern

Für Themen wie Präsentation oder Moderation eignen sich Vorstellungsübungen, bei denen die Kreativität aktiviert wird. Die Teilnehmer erhalten einen großen Bogen Papier (Flipchart oder Pinnwand), dazu verschiedene Farben und Formate von Stiften und Karten. In 15 Minuten sollen sie sich auf dem Papier darstellen mit allem, was sie ausmacht oder zu ihnen gehört oder ihnen wichtig ist. Die einzige Bedingung: Alles ist ohne Worte und nur mit Symbolen und bildhaft darzustellen. Zeitaufwand mindestens 90 Minuten, bis eine Gruppe mit 12 Teilnehmern ihre Steckbriefe präsentiert hat. Die 1,5 Stunden sind sinnvoll angelegt, wenn das Präsentieren an sich ebenfalls ein erklärtes Lernziel des Kurses ist. Wer dennoch Zeit sparen und zugleich das Wir-Gefühl in der Gruppe stärken möchte, kann die Malaufgabe auch als Kleingruppenarbeit vergeben.

Mit humorvollen Spielen die Anfangsängste abbauen

Einige Teilnehmer sitzen in den ersten Minuten recht verspannt und unsicher auf ihren Stühlen. Ein Lernangebot anzunehmen, birgt gewisse Risiken in sich, wie zum Beispiel sich zu blamieren oder von der Gruppe nicht aufgenommen zu werden. Neuland wird betreten, und das löst manchmal Ängste aus. Bei offenen Seminaren, wo sich wirklich keiner kennt oder bei seminarunerfahrenen oder sehr jungen Teilnehmern sind humorvolle Anfangsspiele eine Befreiung.

Das Spiel von der Wahrheit und der Lüge

Jeder Teilnehmer erhält ein Schild und einen dicken Stift. Auf diesem Schild schreibt er oder sie eine Wahrheit und eine Lüge über sich selbst, wie zum Beispiel «die Beatles sind meine Lieblingsgruppe» (wahr) und «ich hasse Eierlikör» (falsch). Danach bekommen alle Teilnehmer Klebepunkte (Gesamt-Teilnehmerzahl minus 1). Nun wird mit den Schildern im Raum umhergewandert und bei den anderen geraten, welche der beiden Aussagen nun die Wahrheit und welche die Lüge ist. Bei der vermeintlich wahren Aussage wird der Punkt geklebt. Nach 30 Minuten wird im Plenum das Geheimnis gelüftet. Bei der Übung wird viel gelacht, und alle Teilnehmer haben sich bereits einmal näher miteinander beschäftigt.

Mit metaphorischen Aktionen das Unterbewusstsein ansprechen

«Die Seele denkt nie ohne Bild», sagte Aristoteles und bereitete den Weg für die Traumdeutung 2000 Jahre später. Das Unterbewusstsein meldet sich im Schlaf und sendet uns in Bildern verschlüsselte Botschaften. Wollen wir dem Unterbewusstsein antworten, dann müssen wir dieselbe Bildersprache benutzen.

Viele Alltagsbegriffe haben in der Traumsprache eine gewisse Symbolik, zum Beispiel eine Brücke für Verbindung, ein Berg für eine Herausforderung, ein Netz für Unterstützung oder ein Tor für Neuanfang. Diese Metaphern können im Seminar genutzt werden, um Botschaften im Unterbewusstsein wirken zu lassen.

Metapher zur Eröffnung einer Teamentwicklung

Alle Teilnehmer bewegen sich zu Musik im Raum. Sie sollen sich dabei tanzend immer auf eine Person zubewegen, dann zur nächsten ... bis sie auf jedes Team-Mitglied mindestens einmal zugetanzt sind. Durch die metaphorische Aktion des aufeinander Zubewegens ist auch später bei emotionsgeladenen Themen eine deutlich höhere Kompromissbereitschaft erkennbar. Zeitaufwand etwa 10 Minuten.

Metapher zur Eröffnung eines Führungskräfte-Trainings

Jeweils zwei Teilnehmer stellen sich gegenüber auf. Die Musik läuft, und der Trainer definiert in den Paaren, wer A und wer B ist. Nun haben drei Minuten lang alle A die Führung, das heißt, sie dürfen tanzen, wie immer sie wollen, und die B müssen wie ein Spiegelbild alles nachmachen. Dann ertönt der Gong, und die B haben die Führung, und die A müssen spiegeln, bis der Gong ertönt. Dann kommt der dritte und letzte Schritt, in dem A und B die Führung haben und sich ohne abstimmende Worte zu einem Spiegel-Tanz-Paar finden müssen. Jeder muss dazu einmal bereit sein, sich phasenweise führen zu lassen und den anderen zu spiegeln. Ein Spiegel-Tanz-Paar zu werden ist nicht möglich, wenn beide konsequent auf die alleinige Führung bestehen.

Mit dieser Metapher können Führungskräfte erspüren, was die höchste Kunst der Führung ausmacht – nämlich in den Kontakten mit den Mitarbeitern jeweils die richtige Entscheidung zu treffen, ob jetzt «Führen» oder «Sich-Führen-Lassen» der bessere Weg zum gemeinsamen Erfolg ist. Zeitaufwand zwischen 10 und 15 Minuten.

Die Natur bietet viele Möglichkeiten für metaphorische Aktionen, zum Beispiel, wenn eine Abteilung gemeinsam auf einen Berg steigt. Das Gefühl, miteinander diese Anstrengung bewältigt zu haben, verbindet auch später in der Arbeit.

Mit dem Schneeball-System das Wir-Gefühl stärken

Ein Referent schaffte es, innerhalb weniger Minuten in einem Saal mit 200 Zuhörern ein Wir-Gefühl entstehen zu lassen. Er bat die Gäste aufzustehen und ihren rechten und linken Sitznachbarn per Handschlag so höflich zu begrüßen, wie wenn es ihr Chef wäre. Danach bat er die Gruppe sich vorzustellen, dass ihr Sitznachbar ein netter Kollege sei, und sich erneut zu begrüßen. In der dritten Runde wurde dazu aufgefordert, sich so zu begrüßen, wie wenn sich alte Freunde treffen. Danach war das Gefühl der Anonymität einer Großgruppe verschwunden.

In kleineren Gruppen bis zu 16 Personen gibt es viele Möglichkeiten, die einzelnen Teilnehmer in kurzer Zeit zu einer Gruppe zu integrieren. Das Schneeball-System ist eine davon. Man beginnt mit einer Aufgabe für Zweiergruppen. Die Aufgabe bleibt während der ganzen Übung gleich, aber nach jeweils 5 bis 10 Minuten wird die Gruppe immer doppelt so groß. Also erst wird zu zweit an dem Thema gearbeitet, dann zu viert, dann zu acht und zuletzt in der ganzen Gruppe.

Das Schneeball-System in der Seminarpraxis

Wenn eine Abteilung geschlossen an einer Teamentwicklung teilnimmt, kennen sich bereits alle mehr oder weniger gut. Trotzdem kann es mit dem Wir-Gefühl nicht weit her sein. Das Schnellball-System als Einstiegsübung öffnet hier neue Türen:

Erst unterhalten sich Zweiergruppen, um zehn beliebige Gemeinsamkeiten aus dem privaten oder beruflichen Bereich herauszufinden (zum Beispiel alle sind Nichtraucher, hassen Unpünktlichkeit, essen gerne Pizza, fahren gerne Fahrrad, haben Kinder ...). Im nächsten Schritt unterhalten sich jeweils zwei Zweiergruppen, um zu viert auf fünf Gemeinsamkeiten zu kommen. Im dritten Schritt treffen sich zwei Vierergruppen, um zu acht auf drei Gemeinsamkeiten zu kommen. Im letzten Schritt sucht die ganze Abteilung nach zwei Gemeinsamkeiten, eine berufliche und eine private. Durch die konsequente Suche nach den Gemeinsamkeiten werden neue Verbindungen geschaffen. Zeitaufwand: 20 Minuten.

Anfang und Ende der Veranstaltung verbinden

Haben Sie sich schon mal überlegt, was gute Western gemeinsam haben? Sie beginnen mit dem selben Bild, wie sie enden, zum Beispiel dem einsamen Ritt von John Wayne vom Sonnenaufgang in den Sonnenuntergang. Genauso können Anfang und Ende eines Vortrages, eines Workshops oder eines Seminars verbunden werden. Die Teilnehmer erleben die Veranstaltung dann als «Runde Sache» und gehen mit einem guten Gefühl nach Hause. Wenn Sie den Meinungsmarkt als Einstiegsaufgabe wählen und damit die Ziele abfragen, können Sie die Tafel nochmal am Ende des Seminars vor die Gruppe stellen. Bitten Sie die Teilnehmer, ihre eigenen Karten erneut zu lesen und einen Haken dran zu machen, wenn Sie glauben, dass Sie ihrem Ziel ein Stück näher gekommen sind. Auch Stimmungsbilder lassen sich hervorragend am Anfang und Ende erstellen und vergleichen.

Mit dem Anfangsfeedback den Kreis schließen

Eine weitere Einstiegsübung, die Anfang und Ende verbindet, ist das so genannte Anfangs-Feedback. Dazu schreibt jeder gleich zum Seminarbeginn auf eine Pinnwand-Karte, was er oder sie am Ende des Seminars über das Seminar sagen möchte. Diese Karte wird mit dem Sitznachbarn besprochen. Die Gesprächspartner tauschen ihre Feedback-Karten aus. Am Ende der Veranstaltung holen sie die Karten wieder hervor und befragen sich gegenseitig, ob sie ihre Aussagen bestätigen können. Zeitaufwand: 15 Minuten zu Beginn, 10 Minuten am Ende der Veranstaltung.

Anfang und Ende einer Teamentwicklung verbinden

Bei einer Teamentwicklung malen die Teilnehmer am Anfang und am Ende ein Bild, das die Situation im Team widerspiegelt. Am Ende des Seminars beschreibt die Gruppe die sichtbaren Veränderungen der zweiten Bilder zu den am Anfang erstellten: zum Beispiel mehr hellere oder dunklere Farben, mehr getrennte oder verbundene Objekte, mehr Statik oder Dynamik, mehr zentral oder dezentral angeordnete Objekte, mehr abstrakt oder konkret, mehr eckig oder mehr rund. Die Gruppe beschreibt, was sie sieht, aber interpretiert nicht. Der Ersteller hört zu und verrät dann, was sich seiner Meinung nach für ihn persönlich geändert hat. Die Interpretation liegt also allein beim Ersteller der zwei Bilder. Zeitaufwand: 10 Minuten zu Beginn und 30 Minuten für die Auswertung am Ende.

Das Kennenlernen organisieren

Die Vorstellungsrunde lernzielorientiert gestalten
- Aufwand-/Nutzenverhältnis prüfen
- Kalt-Start möglich?
- Persönliche Nähe auf der Ebene «Mensch» gewünscht?
- Psychologische Fragen angebracht?
- Die Wunderfrage hilfreich?
- Ein Perspektivenwechsel förderlich?

- Mehr positive Stimmung von Vorteil?
- Zum Thema hinführen wichtig?
- Ziele abfragen und visualisieren?
- Gruppenspiegel mit anonymer Kartenabfrage nützlich?
- Stimmungsbild mit Skalierungsfrage geeignet?

Kennenlernübungen lernzielorientiert auswählen
- Mit dem Informationsmarkt Zeit sparen
- Mit Mnemo-Techniken die Namen der Teilnehmer merken
- Mit dem Partner-Interview Vertrauen schaffen
- Mit Malübungen die Kreativität fördern
- Mit humorvollen Spielen die Anfangsängste abbauen
- Mit metaphorischen Aktionen das Unbewusste ansprechen
- Mit dem Schneeball-System das Wir-Gefühl stärken
- Mit Vorher-Nachher-Übungen Anfang und Ende verbinden

6. Der aktivierende Medien-Mix

Ich bin zu der Überzeugung gelangt, dass das einzige das Verhalten signifikant beeinflussende Lernen das Lernen durch selbst Entdecken und selbst Aneignen ist.

CARL ROGERS,
Begründer der Gesprächstherapie

Im betrieblichen Kontext erfolgt die Weitergabe von Wissen am häufigsten im *Direct Teaching* in Form von Präsentationen mit Hilfe von Overhead-Projektoren oder Beamer. Im schlimmsten Fall sieht das so aus, dass einer spricht und zeigt und alle anderen im Halbdunkeln sitzen und zuhören. Gelernt wird dabei leider wenig, wenn vor den Teilnehmern präsentiert wird anstatt mit ihnen. Allein die Konzentration auf Visualisierung und Rhetorik sichert nicht den Lernerfolg. Die Studien zum ⇨ Lerntransfer belegen die Bedeutung des *aktiven Teilnehmereinbezugs* im Lernprozess.

Wenn Präsentierende auch im Direct Teaching etwas bewirken wollen, dann nutzen sie eine Kombination der in der Erwachsenenbildung üblichen Medien wie *Pinnwand, Flipchart* und *Folien* bzw. *Beamer* nicht nur zum Zeigen, sondern auch zum Aktivieren der Lerner. In diesem Kapitel 6 geht es zum einen um Gestaltungs- oder Visualisierungs-Tipps für die drei bekanntesten Medien, zum anderen um deren sinnvolle Einbindung in einen aktiven Lernprozess!

6.1 Die Pinnwand zum Lernen

Die Pinnwand wurde für die Erwachsenenbildung erst relativ spät entdeckt. Ihren Einzug in die Arbeitswelt feierte sie viele Jahre zuvor in Optimierungsprozessen bzw. Qualitätszirkeln. Sie wird heute von vielen Dozenten als das Lehrmedium gehandelt und genutzt. Sie unterstützt beim Präsentieren und an vielen anderen Stellen im Lernprozess. Die Teilnehmer begleitet und führt sie durch selbstgesteuerte aktive ⇨ Lehrmethoden. Ein Dozent ohne Pinnwand und Moderatorenausstattung ist wie ein Handwerker ohne richtiges Werkzeug. Wenn Sie wissen wollen, was Sie zur Arbeit mit der Pinnwand brauchen und wie Sie dieses Medium im Lernprozess am besten einsetzen, dann lesen Sie einfach weiter.

Die Grundausstattung beschaffen

Die Anschaffungskosten und die Folgekosten für eine Pinnwand und die Moderationsmaterialien sind zwar deutlich niedriger als für Beamer oder Overhead-Projektor, aber dennoch beachtlich: Eine Pinnwand kostet zwischen 250 und 500 Euro, der Moderatoren-Basis-Koffer beginnt bei 300 Euro als Komplettangebot. An der Pinnwand selbst dürfen Sie nicht sparen, denn die Angebote der Billiganbieter sind häufig nicht gleichermaßen strapazierfähig. Doch beim Moderatoren-Koffer lohnt sich der Preisvergleich. Do-it-yourself ist die kostengünstigste Variante: Stellen Sie sich Ihr eigenes Basis-Set zusammen. Dazu brauchen Sie aus einem normalen Büroartikelfachgeschäft:

* Moderationskarten (10 x 21 cm): in Weiß und drei weiteren Pastellfarben,
* Stifte mit breiter Spitze (zum Beispiel edding 500, 383, 3300): 12 in Schwarz, je einen in Rot, Grün und Blau,

- 50 Seiten braunes oder helles Packpapier,
- 4 Klebestifte und eine Rolle Tesakrepp,
- 100 Klebepunkte in zwei Farben,
- 300 Nadeln mit mindestens 6 mm Steckköpfen und eventuell einen Sprüh-Kleber.

Was Sie nicht unbedingt brauchen: Wolken, runde oder ovale oder extralange Karten. Aus den normalen Moderationskarten (10 x 21 cm) können Sie mit Schere und Kleber und mit etwas Fantasie viele andere Formen basteln, wie zum Beispiel als Abgrenzung für Überschriften alle vier Ecken der rechteckigen Karte abschneiden.

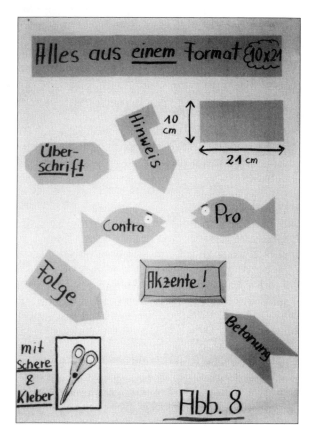

Zur Wahl der Farben und Formen bei der Gestaltung einer Pinnwand hier ein paar Tipps:

- Helle Pastelltöne oder weiße Moderationskarten verwenden, denn auf den dunklen hebt sich ein schwarzer Stift kaum ab. Die Lesbarkeit auf Entfernung oder im Fotoprotokoll ist dann gefährdet.
- Farben und Formen sinnvoll einsetzen: für Überschriften eine andere Form als für die Unterpunkte und für verschiedene Themenblöcke auch unterschiedliche Farben. Auf Kontraste achten: nicht mit blauem Stift auf blauer Karte schreiben.
- Maximal drei verschiedene Farben und Formen auf einer Pinnwand, sonst werden die Lernenden verwirrt.
- Vorsicht bei der Farbe Rot. Sehr sparsam verwenden, denn es ist nicht nur die Farbe der Liebe, sondern auch der Aggression und Gefahr.
- Das Pinnwand-Papier stets mit der stumpfen Seite nach vorne aufhängen. Die glänzende, mit Wachs überzogene Seite spiegelt im Fotoprotokoll.

Schreibregeln unbedingt beachten

Jede nicht lesbare Information ist eine wertlose. Deshalb achten Sie bitte auf die Einhaltung der Schreibregeln:
- Halten Sie den Stift beim Schreiben mit der breiten Seite und nicht mit der Spitze. Drehen Sie ihn nicht.
- Schreiben Sie in Druckbuchstaben. *Schnörkelhafte Schreibschrift kann niemand lesen.*
- Schreiben Sie in Groß- und Kleinbuchstaben. Wir erfassen Texte so viel schneller als nur mit GROSS-BUCHSTABEN.

- Schreiben Sie maximal drei Zeilen auf eine Karte.
- Halten Sie einen fingerbreiten Abstand zwischen den einzelnen Zeilen und Karten.

So vermitteln Sie den Teilnehmern die Schreibregeln

Sie stellen eine leere, frisch bespannte Pinnwand vor die Gruppe und teilen jedem Teilnehmer eine Moderationskarte (10 x 21 cm), eine Nadel und einen dicken Stift (3 bis 5 mm mit abgeschrägter Kante) aus. Dann bitten Sie die Zuhörer unvermittelt (ohne Angabe des Ziels), mit dem dicken Stift auf die kleine Karte «den Anfang eines Liedes zu schreiben, das sie im Notfall auch singen könnten». Die Teilnehmer sind entsetzt, weigern sich zum Teil, weil sie glauben, dass sie singen müssten.

Dann bitten Sie die Teilnehmer, an die Pinnwand zu kommen und ihre Karte mit der Stecknadel zu befestigen. Bei der Gelegenheit zeigen Sie, dass das Pinnen mit Schwung am leichtesten geht.

Wenn alle Karten an der Pinnwand hängen, lüften Sie das Geheimnis, dass es um Schreibregeln ging und nicht darum, dass jemand singt. Sie schreiben die Überschrift auf die Pinnwand «Schreibregeln» und prüfen gemeinsam mit der Gruppe die einzelnen Karten auf ihre Lesbarkeit. Die Einsichten der Teilnehmer notieren Sie als Tipps auf dieselbe Pinnwand.

Schreiben Sie möglichst wenig auf die Pinnwand, dafür mehr auf die Moderationskarten. Das ist die Voraussetzung dafür, dass Sie die Flexibilität dieses Mediums ausschöpfen können. Karten, die nur angesteckt sind, können jederzeit umgeordnet, ausgetauscht, entfernt oder ergänzt werden. Auch die Wiederverwendbarkeit einer Präsentation ist durch die spätere Abnahme der Karten möglich.

Lieber auf Karten schreiben als auf die Pinnwand

Es ist empfehlenswert, sich vorab über den grundsätzlichen Aufbau der Wand Gedanken zu machen. Sie soll übersichtlich sein und dafür sorgen, dass die Betrachter schnell das Wesentliche erfassen. Dafür kommen folgende Strukturen in Frage:

- *Mittiger Aufbau:* Die Überschrift kommt in die Mitte und die Detail-Informationen laufen in Ästen oder Pfeilen darauf zu, wie bei einem Mind-Map.

- *Symmetrischer Aufbau:* Am häufigsten werden die Karten so auf der Pinnwand angeordnet, dass unsichtbare horizontale, vertikale oder diagonale Linien gezogen werden könnten.

- *Kreative Gestaltung:* Vielleicht können Sie die beschriebenen Pinnwand-Karten so stecken, dass ein konkretes Bild entsteht, wie zum Beispiel eine Blume. Das verbindet die linke und rechte ⇨ Gehirnhälfte im Lernprozess. Beliebte metaphorische Bilder sind Zahnräder, die ineinander greifen, Reißverschlüsse, Treppen zum Erfolg, Brücken über eine Kluft oder ein Haus mit verschiedenen Etagen und Fenstern.

  Ganz originell sind dreidimensionale Gestaltungsformen an der Pinnwand: Zum Beispiel eine Pinnwand-Tür, die sich öffnen lässt wie ein Adventskalender. Alternativen sind drehbare Pfeile oder ein echter roter Faden, der die einzelnen Aspekte verbindet. Der Fantasie sind hier keine Grenzen gesetzt.

- *Dynamischer Aufbau:* Hier wird von links unten nach rechts oben etwas entwickelt. So kommt Schwung in Ihre Präsentation. Vermeiden Sie die Anordnung der Karten von links oben nach rechts unten, denn das drückt die Stimmung und vermittelt den Abstieg in die Katastrophe.

Betrachten Sie Ihr Kunstwerk abschließend aus der Entfernung der Teilnehmer. Bedenken Sie, dass es im Hinblick auf die Aufmerksamkeit der Betrachter gute und weniger gute Plätze auf der Pinnwand gibt. Die obere Hälfte wird intensiver betrachtet als die untere. Packen Sie das Wichtigste am besten in den rechten oberen Quadranten (vom Betrachter aus gesehen). Meiden Sie den linken unteren oder bestücken sie ihn mit auffälligen Visualisierungen.

Das Wichtigste in den rechten oberen Quadranten

Eine Pinnwand sollte für sich selbst sprechen, insbesondere dann, wenn Sie vorhaben, ein Fotoprotokoll zu erstellen und an die Teilnehmer zu verteilen. Dazu gehört auf jede Pinnwand-Seite:

* eine Überschrift, die deutlich ins Auge springt,
* eine Leseorientierung mit Zahlen oder Pfeilen,
* das Datum und die Seitenzahl sowie
* der oder die Ersteller.

Für das Fotoprotokoll gibt es drei Möglichkeiten: den normalen Fotoapparat, die digitale Kamera oder ein Spezialgerät namens «Pinnwand-Kopierer». Die beste Bildqualität liefert die digitale Kamera. Die Bilder können sofort im PC eingespielt, nachbearbeitet und verkleinert in einer Zip-Datei an die Teilnehmer verschickt werden. Die teuerste, aber schnellste Variante ist der Pinnwand-Kopierer. Die Fotos werden kurz vor Ende eines Workshops oder Seminars gemacht, während der Verabschiedung durch den Kopierer geschickt und den Teilnehmern sofort mitgegeben. Noch schneller gehts wirklich nicht. Am langsamsten und umständlichsten ist ein konventioneller Fotoapparat.

Wenn Sie mit der Pinnwand Ihr Thema präsentieren und dabei die *Striptease-Technik* benutzen, erzeugen Sie ein Höchstmaß an Spannung und Aufmerksamkeit. Striptease an der Pinnwand ist auf verschiedene Arten möglich:

- Sie zeigen nur die Hauptüberschriften, und alle anderen Karten mit den Detailinformationen hängen umgedreht mit der Schrift nach innen. Im Laufe Ihrer Präsentation drehen Sie die Karten einzeln um.

- Alternativ können Sie die Karten auch in Ihren Händen halten, während die Stecknadeln bereits an den richtigen Stellen auf der Pinnwand sitzen. Bevor Sie über das Thema einer Karte sprechen, stecken Sie diese auf die Pinnwand.

- Oder: Sie zeigen alle Karten offen und lassen nur eine einzige Karte umgedreht. Diese Karte sollte einen ganz besonders wichtigen oder ungewöhnlichen Aspekt beinhalten. Sie können die Zuhörer dann raten lassen, was sich hinter der Karte verbirgt.

Mit der Striptease-Technik die Visuellen aktivieren

In besonderem Maße erreichen Sie mit der Striptease-Technik die visuellen Lerner. Aber nicht nur das werden Ihre Zu-Schauer am Medium Pinnwand schätzen. Ebenso die verschiedenen Farben und Formen, die bei der Wissensvermittlung zum Einsatz kommen. Es können viele Informationen gleichzeitig zur Schau gestellt werden – ein Vor- und Zurückblättern ist nicht nötig. Die Übersicht bei einer gut strukturierten Pinnwand ist hervorragend. Es ist sicher eine gute Idee, sie im Lernprozess nicht nur zum Präsentieren, sondern auch als Roten Faden bzw. zur Gliederung zu benutzen.

Die Pinnwand bedient auch die auditiv Lernenden in Kombination mit verschiedenen ⇨ Lehrmethoden:

* beim klassischen Lehrgespräch,
* bei der ⇨ Zuruf-Frage,
* bei der ⇨ Kartenabfrage,
* bei lernzielorientierten ⇨ Diskussionen und
* in der ⇨ Kleingruppenarbeit bei selbst gesteuerten aktiven Lernprozessen.

Beim *Lehrgespräch* stellt der Dozent so lange eine Reihe von zusammenhängenden, zielführenden Fragen, bis sich die «richtigen» Antworten aus den Gesprächen ergeben. Wer etwas weiß, bringt sich ein. Die Interaktion läuft ausschließlich zwischen Dozent und den aktiven Teilnehmern. Die Pinnwand kann zur Visualisierung der Fragen und der «richtigen» Antworten genauso wie bei einer Präsentation vorbereitet werden. Sobald die Gruppe den Punkt erraten bzw. getroffen hat, steckt der Referent die jeweilige Antwortkarte an die Pinnwand.

Das Lehrgespräch ist in der Weiterbildung nicht sehr verbreitet. Erwachsene bewegen sich nicht so gerne mit ihren Antworten in den Dimensionen «richtig» und «falsch.» Außerdem ziehen sie es vor, klare Inhalte ohne langes Raten präsentiert zu bekommen. Die Methode hat noch andere Nachteile: Es bietet der Mehrheit die Möglichkeit, sich zurückzulehnen, solange sich ein paar Übereifrige beteiligen. Oder dominante Gruppenmitglieder verhindern das zu Wort kommen der Schüchternen. Dozenten in der Erwachsenenbildung ziehen deshalb die *Kartenabfrage* oder die *Zuruf-Frage* dem Lehrgespräch vor. Bei diesen beiden Vorgehensweisen wird *eine* offene stimulierende Frage ins Publikum gestellt. Alle Lernenden sollen sich mit mindestens einer

Antwort einbringen. Es gibt im Grunde keine richtigen und keine falschen Antworten. Die Vielfalt der Aspekte bzw. Einsichten ist das Ziel.

Mit der Zuruf-Frage die Lernenden ins Gespräch bringen

Bei der Zuruf-Frage erfolgt das Antworten mündlich, und der Dozent schreibt mit – direkt auf der Pinnwand oder besser auf den vielen leeren weißen Karten, die bereits angepinnt sind. Das ermöglicht hinterher die Antworten zu ⇨ clustern: das heißt themenbezogen zu ordnen und ähnliche Karten mit einem gemeinsamen Überbegriff zu verbinden.

Durch das Sehen bzw. Überblicken der bereits vorhandenen Antworten werden immer wieder neue Einsichten gewonnen. Doppelantworten sind so zu vermeiden. Allerdings macht die Zuruf-Frage nur dann Sinn, wenn die Fragestellung kein allzu langes Nachdenken erfordert und die Antworten keine Anonymität brauchen.

Eine Leitfrage als Zuruf-Frage oder Kartenabfrage:

«Was können Sie mit dem Wissen von den Lerntypen in Ihrem Leben und Ihrem Beruf anfangen?»

* *Vorgehen bei der Zuruf-Frage:*
  Der Dozent teilt die Pinnwand in zwei Hälften – die eine mit der Überschrift «Anwendung der Lerntypen im Leben» und die andere mit «Anwendung der Lerntypen im Beruf.» Auf der einen Hälfte sind viele leere weiße Moderationskarten angepinnt, auf der anderen Seite gelbe. Damit jeder etwas einbringt, wird ein Stab unter den Teilnehmern weitergereicht. Der Dozent notiert die spontanen Antworten für die weißen Karten, und ein Helfer aus der Gruppe die Antworten für die gelben Karten.
* *Vorgehen bei der Kartenabfrage:*
  Der Dozent organisiert die Pinnwand ebenfalls in zwei Hälften.

Er teilt jedem Teilnehmer einen dicken Stift und eine weiße und eine gelbe Moderationskarte aus. Auf die weißen schreiben die Lernenden ihre Antworten zum Thema «Anwendung der Lerntypen im Leben», auf die gelben die «Anwendung im Beruf». Der Dozent sammelt die Karten ein und pinnt sie farblich passend unter die zugehörigen Überschriften.

Mit der Kartenabfrage die Kinästheten aktivieren

Bei der Kartenabfrage antworten die Teilnehmer anonym und schriftlich. Dazu erhalten sie einen dicken Stift und so viele Moderationskarten, wie Antworten erwünscht sind. An der Pinnwand ist die Leitfrage visualisiert. Die Teilnehmer haben fünf bis zehn Minuten Zeit zu antworten. Pro Idee soll eine Karte ausgefüllt werden. Der Dozent sammelt die Karten ein, mischt sie und teilt sie wieder an die Teilnehmer aus. So wird die Anonymität der Beiträge gewahrt. Jeder steht nun auf, geht an die Pinnwand und steckt selbst «seine» Karten an. Das spart Zeit und bringt Bewegung in die Gruppe. Danach wird über die Antworten gesprochen. Die Mehrfachnennungen stechen sofort ins Auge.

Die Lernenden stecken die Karten selbst an die Pinnwand

Bei der Kartenabfrage hat der Einzelne mehr Zeit, sich in Ruhe alleine mit dem Thema auseinander zu setzen. Die Antworten können viel intimer und ehrlicher ausfallen, da anonym geschrieben wird. Der Trainer kann so auch die Erfahrungen und das Wissen der weniger wortgewandten Teilnehmer nutzen. Allerdings macht die Kartenabfrage nur dann Sinn, wenn auch alle etwas zum Thema beitragen können.

Die Pinnwand als Fixpunkt im sozialen Austausch

Wenn die Teilnehmer sich in Kleingruppen austauschen oder im Plenum diskutieren, ist die Pinnwand Sammel- und Ordnungsfläche für die unterschiedlichsten Meinungen. Sie lädt dazu ein, dass die durch den sozialen Austausch entstandenen Einsichten visualisiert werden. Bei selbst gesteuerten Lernprozessen ist sie deshalb eine große Unterstützung. Das in der Kleingruppe aktiv erschlossene Wissen wird in eine klare übersichtliche und einprägsame Form gebracht – vor der Präsentation im Plenum oder dem Aushang als Lernplakat.

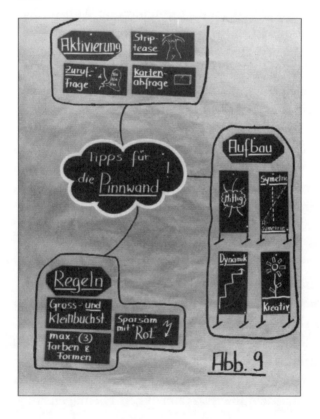

Die Pinnwand für selbstgesteuerte Lernprozesse

Mit dem Beschriften, Pinnen und Kleben der Moderations-karten beglückt die Pinnwand selbst die Kinästheten unter den Lernenden. Sie schafft die höchste Flexibilität im Lern-prozess und erreicht alle drei Lerntypen. Für die Kartenab-frage oder Zuruf-Frage mit dem Medium Pinnwand bieten sich viele Gelegenheiten im Lernprozess:

- *als aktivierender* ⇨ *Einstieg:* Was interessiert Sie am Thema am meisten? Wann macht Ihnen Lernen Spaß?
- *zur* ⇨ *Wiederholung:* Was haben Sie behalten? Was wa-ren wichtige Einsichten für Sie?
- *zur Reflexion und* ⇨ *Lerntransfer-Sicherung:* Was werden Sie mit dem Wissen von den Lerntypen in Ihren Prä-sentationen verändern?
- *zur Lernprozess-Steuerung:* Welche Fragen sind noch of-fen? Welche Spielregeln sollen gelten?
- *bei Konflikten im Lernprozess:* Was stört Sie an Ihrer Lern-gruppe? Was schätzen Sie an den Kollegen? Was behin-dert Sie beim Lernen?

Die Leitfragen für die Pinnwand sollten gut überlegt sein. Nützlich sind offene, stimulierende Fragen, welche die Teil-nehmer weder über- noch unterfordern. Zu vermeiden sind Fragen, welche die Antworten vorab in eine bestimmte Richtung drängen, wie zum Beispiel: «Warum ist es für Re-ferenten wichtig, sich mit den Lerntypen zu beschäftigen?» Bei dieser *manipulativen Frage* kommt keiner mehr auf die Idee, dass es für ihn überhaupt nicht wichtig ist. In einem of-fenen Lernprozess darf das Antwortenspektrum nicht mit derartigen Methoden eingeschränkt werden.

Probleme beim Transport und der Archivierung

Bei der Pinnwand gibt es auch ein paar Schattenseiten, so die begrenzte Haltbarkeit der Pinnwand-Darstellungen. Wird ein Vortrag mehrmals benötigt, muss jedes Mal die vorbereitete Seite zusammengerollt werden. Davon wird sie nicht schöner. Nach zwei bis drei Malen hat sie so viele Falten, dass man sie besser neu macht. Ein wenig länger hält sie, wenn die beklebte Seite beim Einrollen außen ist. Rollen Sie die beklebte Seite nach innen ein, dann fallen Ihnen bereits beim ersten Auspacken alle angeklebten Teile ab.

Beim Einrollen die beklebte Seite nach außen

Eine Verlängerung der Haltbarkeit einer Pinnwand-Präsentation ergibt sich, wenn Sie die Pinnwand-Karten für Ihren Vortrag gar nicht ankleben, sondern nur anstecken und danach wieder einpacken. Damit sparen Sie Platz bei der Archivierung von Vorträgen mit der Pinnwand, und die beschrifteten Karten halten so sehr lange.

Karten anstecken mit Spickzettel auf der Rückseite

Es ist für Referenten sehr beruhigend, wenn sie detaillierte Informationen zu den einzelnen Stichpunkten des Referates auf der Rückseite der Pinnwand-Karten anbringen. Mit Bleistift geschrieben, können die Teilnehmer das aus der Entfernung nicht sehen. Sollten Sie Ihren Vortrag nicht so häufig gebrauchen oder detaillierte Zahlen, Daten, Fakten und Definitionen benötigen, sind die Notizen auf der Rückseite der Karten ein gutes Backup.

Überhaupt nicht geeignet sind Pinnwände, wenn die Lern-Räume zu klein oder viel zu groß sind. In beengten Verhältnissen (und auf Reisen) ist die sperrige Pinnwand ständig im Weg. In Kongresshallen kann nicht mit der Pinnwand präsentiert werden – die Zuschauer könnten die Tafeln nicht lesen.

Mit der Pinnwand lernen

Schreibregeln für die Lesbarkeit
- Stift (drei bis fünf mm) mit der schrägen Breitseite benutzen
- Druckbuchstaben in etwa drei cm Schriftgröße
- Groß- und Kleinbuchstaben
- Fingerbreiter Abstand zwischen Zeilen bzw. Karten
- Max. 3 Zeilen auf einer Moderationskarte (10 x 21 cm)

Gestaltungstipps für das schnelle Erfassen
- Weiße oder helle Moderatoren-Karten
- Maximal 3 verschiedene Farben und Formen
- Kontraste beachten! Sparsamer Umgang mit Rot!
- Das Wichtigste im rechten oberen Quadranten
- Überschaubare Anzahl von Informationen pro Seite
- Kennzeichnung mit Überschrift, Leseorientierung ...
- Seite spricht für sich selbst (fürs Fotoprotokoll)
- Aufbau mittig, symmetrisch, kreativ oder dynamisch?
- Beim Einrollen beklebte Seite nach außen (Haltbarkeit)

Möglichkeiten der Teilnehmeraktivierung
- Mit der Striptease-Technik lebendig präsentieren
- Mit der Karten-Abfrage alle mitmachen lassen
- Mit der Zuruf-Frage die Lernenden zum Sprechen einladen
- In Lerngruppen als Prozesshilfe oder Ergebnis festhalten
- In Diskussionen als Sammel- und Ordnungsfläche
- Als Dauer-Parkplatz für Gliederungen oder als Lernplakat

6.2 Das Flipchart zum Aktivieren

Das Medium Flipchart ist unschlagbar, was seine Verfügbarkeit angeht. In so gut wie jedem Besprechungszimmer, Seminarraum oder Büro steht mittlerweile ein Flipchart. Flipcharts sind Stand der Technik in der Lern- und Arbeitswelt. Die Anschaffungskosten sind gering im Vergleich zu Pinnwand, Overhead-Projektor und Beamer – es ist schon ab 100 Euro zu haben. Die Beliebtheit des Flipcharts erklärt sich durch seine einfache Anwendung:

- es kann überall hingestellt werden, braucht wenig Platz und deshalb keinen ständigen Auf- und Abbau,
- es braucht nur einen Flipchart-Block und zwei verschieden farbige Stifte (drei bis fünf mm Breite),
- es ist kostengünstig, unabhängig vom Strom und wenig reparaturanfällig,
- und die Anwender brauchen keine aufwändige Einführung wie bei Pinnwand oder Beamer.

Das Flipchart ist ein unkompliziertes Medium

In der Erwachsenenbildung hat das Flipchart die Tafel abgelöst. Tafeln sind in der Regel an einem festen Platz installiert und bieten für die Visualisierung nur eine begrenzte Fläche. Sie müssen alte Inhalte erst löschen, bevor Sie wieder Platz für neue haben. Beim Flipchart gibt es unendlich viele Seiten, die jederzeit vor- und zurückgeblättert werden können. Der Referent ist bei der Vorbereitung vom Standort des Mediums völlig unabhängig. Die Flipcharts können auf jedem beliebigen Tisch beschrieben und einfach transportiert werden. Die Form und das Gewicht eines Flipchart-Blockes ist selbst für zugreisende Dozenten kein Hindernis.

Ein paar Grundregeln bei einer Flipchart-Seite gibt es dennoch – obwohl sich viele der Tipps für die Pinnwand übernehmen lassen wie zum Beispiel die Schreibregeln:

- Druckbuchstaben (mindestens drei cm hoch),
- Groß- und Kleinbuchstaben,
- Stift mit der Breitseite verwenden,
- Fingerbreiter Abstand zwischen den Zeilen.

Auch die Empfehlungen für die Wahl der Farben sind bei Flipchart und Pinnwand gleich: maximal drei verschiedene Stiftfarben einsetzen und mit der Farbe Rot sparsam umgehen. Geschrieben wird mit den gleichen dicken Edding-Stiften, aber malen können Sie auch mit Wachsmalkreiden.

Verwenden Sie bevorzugt weiße karierte Flipchart-Blöcke und befestigen Sie diese mit dem Karo nach hinten. Die Karos schimmern bei weißem Papier durch, so dass Sie als Referent trotzdem die Gestaltungshilfe haben, die Teilnehmer jedoch nicht davon abgelenkt werden. Bedenken Sie, dass jede – für die Teilnehmer sichtbare – Linie eine Information ist, die unnötigerweise verarbeitet werden muss. Bei aus Altpapier aufbereiteten braunen Flip-Chart-Blöcken ist das Umdrehen nicht möglich, da die Karos nicht durchschimmern. Wenn Sie mit Umweltschutz-Papier arbeiten wollen, dann achten Sie darauf, dass die Karos so wenig leuchten wie möglich.

Karos beim Flipchart-Block nach hinten

Vermeiden Sie Fließtext auf dem Flipchart. Benutzen Sie zur Gestaltung der – im Vergleich zur Pinnwand – kleinen Fläche möglichst nur Schlagworte und Stichpunkte. Nehmen Sie nur ein Thema auf eine Seite. Weniger ist hier wirklich mehr.

Denken Sie bei der Vorbereitung der Flipchart-Seiten an die Arbeitsweise der ⇨ Gehirnhälften. Sie können viel dafür tun, um die Aufnahme der Informationen zu erleichtern:

- Verknüpfen Sie Bilder mit Texten,
- Gliedern Sie mit Zahlen,
- Setzen Sie nur Stichpunkte unter die Überschrift,
- Schaffen Sie Übersichten mit Symbolen, wie Pfeilen, Kreisen, Sternchen, Haken oder Linien.

Wie von der Pinnwand kann von den Flipchart-Seiten ein Fotoprotokoll erstellt werden. Dafür ist es hilfreich, die einzelnen Seiten zu nummerieren. Achten Sie auch bei diesem Medium darauf, dass die einzelnen Charts für sich sprechen.

Seiten nummerieren fürs Fotoprotokoll

Außerdem haben Forscher festgestellt, dass sich Flipcharts besser einprägen, wenn hin und wieder etwas schräg geschrieben ist. Es muss wohl daran liegen, dass die Teilnehmer dann zum Lesen den Kopf leicht neigen müssen. Die Durchblutung des Gehirns wird so angeregt und die Nackenstarre verhindert. Aber übertreiben Sie damit nicht. Es genügt ein schräg geschriebenes Wort pro Flipchart-Seite.

Einzelne Wörter schräg schreiben

Das Flipchart kann im Lernprozess vielfältig eingesetzt werden, wie zum Visualisieren von Teilnehmerbeiträgen im Lehrgespräch, bei der ⇨ Zuruf-Frage oder in lernzielorientierten ⇨ Diskussionen. Jeder lebendige Austausch wird mit diesem Medium auf den Punkt gebracht. Mit einem Sprühkleber kann das Flipchart sogar als Mini-Pinnwand herhalten und die Antworten aus einer Kartenabfrage aufnehmen.

Das Visualisieren von Teilnehmer-Beiträgen

Das Flipchart kann sehr gut zum Darstellen bestimmter Inhalte verwendet werden. Bei der Vorbereitung haben Sie drei Möglichkeiten:

- Sie bereiten die Flipchart-Seiten komplett vor. Die Spannung ergibt sich durch das Weiterblättern.

- Sie erarbeiten die Flipchart-Seiten live mit der Gruppe. Diese Aktivität wird von Lernenden geschätzt.
- Sie bereiten einen Teil vor und ergänzen dann Worte oder Zeichen nach und nach beim Präsentieren. Das hat die gleichen Effekte wie die Striptease-Technik an der Pinnwand.

Für die Striptease-Technik gibt es am Flipchart noch weitere Alternativen, zum Beispiel die Falt- oder die Schnitttechnik. Bei der Falttechnik wird das Blatt wie eine Ziehharmonika von unten nach oben gefaltet und beim Präsentieren etappenweise wieder nach unten geöffnet. Im Falle der Schnitt-Technik werden mehrere Seiten hintereinander vertikal in Streifen geschnitten. Das Grundbild wird dann durch die vorzublätternden Streifen ergänzt.

Am Flipchart mit Striptease-Technik präsentieren

Ein Flipchart kann noch mehr als Teilnehmerbeiträge visualisieren oder Inhalte präsentieren. Es ist vor allem eine große Hilfe bei Verständnisproblemen. Die am Flipchart angewandte Methode nennt sich *Scribbeln* und ist eine Mischung aus schreiben (das heißt auf Lateinisch scribere) und malen flüchtiger Skizzen (kritzeln). Nicht jeder Lerninhalt wird von den Teilnehmern auf Anhieb verstanden. Wenn Sie sich ersparen wollen, auf eine Vielzahl von ähnlichen Fragen zu antworten, nutzen Sie Ihr Flipchart zum Scribbeln. Damit fördern Sie die Verständlichkeit jeder noch so schwierigen Erklärung.

Am Flipchart scribbeln zum besseren Verständnis

Am häufigsten verwenden Dozenten das Flipchart in Kombination mit den anderen Medien wie Pinnwand oder Overhead-Projektor und Beamer. Das Flipchart kann über einen längeren Zeitraum als gut sichtbarer Parkplatz dienen für

* die Gliederung oder die Traktanden,
* die Spielregeln der Zusammenarbeit,
* den organisatorischen Ablaufplan,
* zentrale Botschaften, die sich einprägen sollen,
* zentrale Fragestellungen, um sie nicht zu vergessen,
* das Ziel, um es immer vor Augen zu haben.

Das Flipchart als Lernplakat oder Merkhilfe nutzen

Das Flipchart ist zwar weniger spektakulär als die Pinnwand oder der Beamer, aber dennoch ein unverzichtbares Medium in der Erwachsenenbildung. Es gibt nur wenige Situationen, in denen Sie als Dozent mit einem Flipchart schlecht beraten wären. Hier ein paar Ausnahmen:

* wenn die Räume zu groß sind und die Zuschauer auf die Entfernung die kleine Fläche des Flipcharts nicht mehr sehen.
* wenn Sie etwas präsentieren wollen, das sich häufig ändert, wie zum Beispiel Statistiken. Bei der Veränderung von nur einer Zahl müssten die aufwändigen Diagramme jedes Mal neu gemalt werden. Für den Fall greifen Sie doch lieber zur Folie oder zum Beamer.

Das Flipchart kann die Pinnwand nicht ersetzen

Das Flipchart ist als Medium zwar wertvoll und hilfreich, bedient jedoch nicht alle Lerntypen gleichermaßen. Während die visuellen und auditiven Lerntypen mit dem Flipchart gut versorgt sind, langweilen sich die Kinästheten. Bei der ⇨ Kleingruppenarbeit und anderen selbst gesteuerten aktiven ⇨ Lehrmethoden ist die Pinnwand unverzichtbar. Wie sollen am Flipchart, auf einer so kleinen Fläche, viele Ideen gesammelt, geordnet, wieder verworfen, neu gegliedert und in mehreren Varianten kreativ gestaltet werden?

Die Pinnwand ist sicher das bessere Medium für den Lern-Prozess – während das Flipchart durchaus mithalten kann, bei der Darstellung der Lern-Ergebnisse.

Das Flipchart interaktiv nutzen

Schreibregeln für die Lesbarkeit

* Druckbuchstaben, Groß und Klein, Schriftgröße drei cm
* Fingerbreiter Abstand zwischen den Zeilen
* Einzelne Wörter schräg schreiben (Behaltensquote!)
* Karos beim weißen Flipchart-Block nach hinten

Gestaltungstipps für das schnelle Erfassen

* Kein Fließtext, sondern Schlagworte und Stichpunkte
* Verknüpfung von Bildern, Symbolen und Texten
* Pfeile oder Zahlen als Leseorientierung schafft Struktur
* Nummerierung der Seiten fortlaufend
* Überschaubare Anzahl von Informationen pro Seite
* Maximal drei verschiedene Farben, sparsam mit Rot

Möglichkeiten der Teilnehmeraktivierung

* Mit der Falt- und Schnitttechnik ein Striptease
* Die Flipcharts live mit der Gruppe erarbeiten
* Die Flipcharts teils vorbereiten, teils live ergänzen
* Das Flipchart für die Zuruf-Frage nutzen
* Das Flipchart als Mini-Pinnwand nutzen
* Mit dem Flipchart Teilnehmerbeiträge visualisieren
* Mit dem Flipchart scribbeln beim Erklären
* Das Flipchart als Dauerparkplatz für Informationen
* Das Flipchart als Ergänzung zu anderen Medien

6.3 Folien und Beamer zum Präsentieren

Nun kommen wir zum Lieblingsmedium betrieblicher Referenten: die Folie oder neuerdings die Präsentation mit Power-Point und Beamer. Die Vorbereitung erfolgt mit Hilfe des PCs und höchst anwenderfreundlicher Software.

Ein guter Overhead-Projektor kostet derzeit etwa 500 Euro, ein Beamer ist ab 1500 Euro erhältlich (PC und Software nicht eingerechnet). Die Folgekosten beim Overhead-Projektor sind beachtlich, liegt doch der Preis für eine qualitativ hochwertige Folie bei etwa 50 Cent. Soll eine Folie dann noch farbig bedruckt werden, entstehen zusätzliche Investitionen für Drucker und teure Farbpatronen (ab 40 Euro pro Stück).

Denken Sie nicht, dass diese Kosten beim Einsatz eines Beamers gespart werden könnten. Wenn Sie nicht mit Ihrem eigenen PC und Beamer reisen, dann sollten Sie von Ihrer Präsentation zur Sicherheit immer einen Foliensatz dabei haben – zu häufig gibt es noch technische Ausfälle oder Schnittstellenprobleme.

Hohe Anschaffungs- und Folgekosten

Die Anschaffungs- und Folgekosten für diese beiden Medien sind zwar sehr hoch, jedoch wird enorm an Arbeitszeit gespart bei der Vorbereitung von Vorträgen. Die Referenten können in kürzester Zeit mit Hilfe der einschlägigen Software statistisches Zahlenmaterial in aussagefähige Diagramme und Schaubilder verwandeln. Niemand braucht mehr zeichnen können, denn aus dem Internet werden die kreativsten Clip-Arts heruntergeladen. Vorgefertigte Masken ersparen das eigene Nachdenken über das Layout. Und ist erst einmal ein gewisser Grundstock an Präsentationen im PC gespeichert, können neue Präsentationen leicht davon abgeleitet oder darauf aufgebaut werden. Der Befehl «Kopieren» macht es möglich.

Höchste Effizienz bei der Vorbereitung

Die Erstellung der Folien am PC lädt ein zum Experimentieren mit verschiedenen Farben und Formen – ein Knopfdruck, und die bessere Variante ersetzt die weniger gute. Folien und andere im PC erstellte Präsentationen können jederzeit archiviert, versendet oder ins Intranet gestellt werden. Sie unterliegen keinem Alterungsprozess wie zum Beispiel vorbereitete Flipcharts oder Pinnwand-Seiten.

Praktisch in der Archivierung und beim Transport

Das alles ist sehr verführerisch und verleitet viele Referenten dazu, die aufwändigeren Medien wie Pinnwand und Flipchart innerlich abzuschreiben. Sie sollten dabei jedoch nochmal an die Bedürfnisse der unterschiedlichen ⇨ Lerntypen denken: Der Foliensatz oder die Beamer-Präsentation laden die Zuhörer nicht gerade zum Mitreden oder Mitmachen ein. Overhead-Projektor und Beamer mit ihrem leisen monotonen Summen und die leicht abgedunkelten Räumlichkeiten führen die Teilnehmer schnell und sicher in den Schlaf. Wer also länger als 10 Minuten etwas vermitteln möchte, braucht einen Medien-Mix oder zumindest ein paar raffinierte Tricks für die Teilnehmeraktivierung, wie zum Beispiel im Fall der Folie:

* Sie lassen auf den Folien Felder frei, stellen eine Frage an die Gruppe und ergänzen dann mit einem bunten Folienstift die Antworten. Das mit der Hand Geschriebene hebt sich dann sehr gut vom übrigen getippten Text ab (auditiv-visuell).

- Sie können auch mit Klappfolien arbeiten. Zum Beispiel befindet sich auf der ersten Folie eine Statistik ohne Zahlenmaterial. Sie lassen die Zuhörer schätzen, welche Zahlen zu den einzelnen Posten gehören. Dann wird die zweite Folie mit den exakten Werten darüber gelegt, und die Gruppe kann vergleichen (auditiv-visuell).
- Sie vergeben eine Kleingruppenarbeit oder ein Diskussionsthema, teilen dazu Folien und wasserlösliche Folienstifte aus. Die Gruppe erhält den Auftrag, ihre Ergebnisse auf Folie festzuhalten und später zu präsentieren (auditiv-visuell-kinästhetisch).
- Sie zeigen auf Folie ein Witzbild, eine Karikatur zum Thema oder ein berühmtes Bild zum Nachdenken. Solche Kunstwerke könnten Sie niemals auf Flipchart oder Pinnwand bekommen.

Beispiel für den Einsatz von Bildern auf Folien

Beim Thema «Führung»: die Karikatur eines wütenden Chefs am Tisch mit seinen Mitarbeitern, der sagt: «Natürlich sollen Sie eine kritische Meinung bilden, aber ich habe kein Wort davon gesagt, dass Sie diese auch äußern sollen!»

Wenn Sie mit PowerPoint und Beamer arbeiten, ersetzen Sie mit dem Befehl «Animationen» die Klappfolie bzw. die Striptease-Technik. Animieren heißt: die einzelnen Folienseiten in Textbausteine zerlegen und diese während des Vortrags nacheinander per Mausklick erscheinen lassen. Allerdings ist beim Animieren etwas Vorsicht geboten. Es gibt viele Möglichkeiten, Text-Bausteine, Diagramme oder Clip-Arts auftauchen zu lassen, vom Rennwagen-Motorengeräusch begleitet bis zur 3-D-Drehung. Sie machen sich bei erwachsenen Lernenden schnell lächerlich, wenn Sie zu verspielt mit den Effekten umgehen. Bleiben Sie im Normalfall bei einer dezenten Auf- oder Abblendtechnik und akzentuieren Sie nur die wichtigsten Inhalte mit einer besonderen Animation.

Mit dezenten Animationen lebendig präsentieren

Bereiten Sie Ihre Seiten so vor, dass die Überschriften konkrete Fragestellungen sind. Dann geben Sie den Zuhörern erst ein paar Sekunden Zeit, um selbst darüber nachzudenken, bevor Sie die Antworten auf dem Bildschirm erscheinen lassen. Wenn Sie ins Publikum fragen und die Meinungen der Zuhörer live und direkt in das Bild aufnehmen wollen, brauchen Sie einen Assistenten, der am Laptop für Sie arbeitet.

Hauptüberschriften als Fragen formulieren

Für die schnelle Erfassung der Folien müssen, genau wie bei Pinnwand und Flipchart, bestimmte Schreibregeln eingehalten werden:
- Schriftgröße ab 20 Zoll (ideal: 28 Zoll),
- Schriftarten klar und wenig verschnörkelt (zum Beispiel Arial),
- Pro Folie nur ein Thema, höchstens zehn Zeilen,
- Folie rahmen und nicht bis an den Rand beschreiben.

Der Hintergrund der Folien sollte eher hell (pastellfarben) sein, die Schrift im Vordergrund schwarz oder zumindest eine kräftige Farbe haben. Querformat ist besser als Hochformat. Mit dem Beamer würden sich beim Hochformat rechts und links breite schwarze Streifen zeigen.

Schreibregeln und Gestaltungstipps beachten

Arbeiten Sie weder am Overhead-Projektor noch am Beamer mit einem Teleskop-Zeigestab. Er lässt Sie leicht schulmeisterhaft erscheinen. Bei Folien gibt es eine Zeigehand aus Plastik oder den Laser-Pointer. Im Falle der Beamer-Show gibt es die praktische *Funk-Maus*. Achten Sie darauf, dass Sie den Blickkontakt zum Publikum nicht verlieren. Das setzt voraus, dass Sie den Text bzw. Ihre Folien sehr gut kennen und nicht, dauernd an die Projektionsfläche schauen.

Zeigestäbe vermeiden und Blickkontakt halten

Folien können ohne großen Aufwand als Teilnehmerunterlagen kopiert werden. Damit ergibt sich eine schnelle Möglichkeit, den Teilnehmern ein Handout zu reichen. Bei Präsentationen mit Powerpoint können die Seiten mit dem Befehl «Handzettel-Master» so verkleinert werden, dass drei untereinander auf eine Din-A-4-Seite passen und rechts daneben leere Zeilen für eigene Notizen auftauchen. Das ist eine ideale Voraussetzung für einen interaktiven Umgang mit dem Skript.

Aus Folien die Teilnehmerunterlage ableiten

In diesem Fall sollten Sie dem Prinzip der *Kontinuität* folgen: Achten Sie auf eine gewisse Einheitlichkeit beim Aufbau bzw. der Grobstruktur der einzelnen Folien bzw. Seiten. Für die Betrachter ist es eine Erleichterung, wenn sie sich nicht bei jeder Folie neu orientieren müssen. Für das schnelle Erfassen der wesentlichen Inhalte nützt die Einheitlichkeit

* von Schriftart und Zeilenabständen,
* von Schriftgrößen je Gliederungsebene,
* von Hintergrund- und Vordergrundfarben ,
* der Animationen und des Stils der Clip-Arts und
* der Kennzeichnung (Datum, Ersteller, Seitenzahl …).

Bei PowerPoint gibt es einen «Folienmaster», mit dessen Hilfe die Kontinuität für alle Folien definiert werden kann. Möchten Sie an der Form wieder etwas ändern, dann nutzen Sie wieder den Folienmaster und brauchen nicht jede Seite einzeln korrigieren. Deshalb nutzen Sie beim Aufbau einer Präsentation stets den Folienmaster.

Mit dem Folienmaster die Kontinuität sichern

Das Prinzip der Kontinuität betrifft die Form und den Stil der einzelnen Folien. Das bedeutet nicht, dass Sie bei der Gestaltung der Inhalte keine originellen Ideen verwirklichen dürfen. Ganz im Gegenteil: Aus der Monotonie der Form sollen die wichtigsten Botschaften durch besonders eigenwillige Darstellungen hervortreten.

Prinzip der Kontinuität in der Form, nicht beim Inhalt

Durch die Einfachheit in der Folienerstellung finden Referenten häufig nicht das richtige Maß bei der Quantität. Wer glaubt, dass er den Zuhörern einen Gefallen tut, wenn er durch 100 Folien klickt, der irrt sich gewaltig. Richtig schlimm wird es, wenn die einzelnen Seiten dann noch textlich total überladen sind und der Vortragende jedes Wort und jede Zahl auf der Folie vorliest. Bedenken Sie, dass Ihre Zuhörer nicht auf den Kopf gefallen sind. Deshalb tragen Sie bitte nur die allerwichtigsten Worte einer Folie vor! Dasselbe gilt für Zahlenmaterial.

Weniger ist mehr – die Zuhörer können selbst lesen

Bei umfangreicherem Folienwerk brauchen Sie eine klare Gliederung am Anfang und rechts oder links am Rand jeder Folie ein Lauflicht. Ein Lauflicht ist eine Miniaturgliederung, bei welcher genau der Unterpunkt beleuchtet ist, zu dem die jeweilige Folie gehört. Mit einer derartigen Orientierungsleiste behalten die Betrachter stets den roten Faden.

Ein Lauflicht bei größeren Präsentationen

Für Dozenten gibt es wirklich viele überzeugende Gründe, die für das Arbeiten mit PC und Overhead-Projektor oder Beamer sprechen. Aus der Perspektive der Lernenden sieht das jedoch anders aus. Es sind nun mal genau die beiden Medien, mit denen der aktive Teilnehmereinbezug am schwersten zu realisieren ist. Bei längeren Präsentationen oder Schulungen benötigen Sie auf jeden Fall eine Kombination mit anderen Medien und aktiven ⇨ Lehrmethoden.

Mit Folien und Beamer präsentieren

Schreibregeln für die Lesbarkeit
* Schriftgröße ab 20 Zoll (ideal: 28 Zoll), klare Schriftart (Arial)
* Folie rahmen und nicht bis an den Rand schreiben
* Pro Folie ein Thema und maximal zehn Zeilen (ideal: fünf)
* Verschiedene Schriftgrößen je Gliederungsebene

Gestaltungstipps für das schnelle Erfassen
* Kein Fließtext, sondern Schlagworte und Stichpunkte
* Verknüpfung von Worten/Zahlen und Bildern
* Querformat ist besser als Hochformat
* Prinzip der Kontinuität in der Form, nicht beim Inhalt
* Gliederung und Orientierungsleiste (Minigliederung)
* Kennzeichnung und Nummerierung der Seiten
* Hintergrund hell-pastellfarben; Schrift dunkel, kräftig
* Dezente Animationen und nicht zu viele Farben
* Mit Folien-Master arbeiten bei der Ersterstellung

Möglichkeiten der Teilnehmeraktivierung

- Hauptüberschriften als Fragen formulieren
- Mit Klapp-Folie oder Animationen lebendig vortragen
- Nur Wichtiges auf der Folie vorlesen, Blickkontakt halten
- Teilnehmer-Beiträge live auf Folie / am PC ergänzen
- Folien als interaktives Handout (Raum für Notizen)
- Mit Witzen, Karikaturen, berühmten Bildern erheitern
- Ab 20 Minuten mit anderen Medien/Methoden kombinieren

7. Die Methoden zum Lerntransfer

... dass der Lehrer wie die Sonne aus ferner Position Licht verbreitet und die Schüler wie die Pflanzen aktiv Gebrauch davon machen ...

J. A. COMENIUS, 1592–1670

Das wichtigste Bestreben der modernen Pädagogik ist der *Lerntransfer*. Wissen soll nicht nur in den Köpfen stecken, sondern auch in realen Lebens- und Arbeitssituationen angewendet werden. Das ist gut verständlich, oder möchten Sie einen promovierten Arzt, der nicht einmal in der Lage ist, eine Schilddrüsen-Überfunktion zu diagnostizieren, wenn er vor einem realen Patienten steht? Sie denken jetzt vielleicht, das kann so nicht sein. Doch ein Versuch aus den achtziger Jahren mit Medizinstudenten kurz vor dem Examen zeigte genau dieses erschreckende Ergebnis.

Die Pädagogen setzten deshalb in den letzten zwanzig Jahren die Frage nach dem Lerntransfer in den Mittelpunkt ihrer Forschung und kamen zu folgender Erkenntnis: ob das Gelernte in der Realität zur Anwendung kommt oder nicht, hängt unmittelbar damit zusammen, wie das Wissen vom Lernenden erworben wurde. Erfolgreich war die Wissensvermittlung immer dann,

* wenn die Theorie im Kontext *realitätsnaher* Aufgaben vermittelt wurde,
* wenn die Lernenden *aktiv und selbstgesteuert* waren,
* und wenn Lernen im und durch den sozialen *Austausch* stattfand.

Wenig Erfolg versprechend war die Vermittlung des Wissens im ⇨ Direct Teaching wie bei einer Vorlesung. Aber auch hier gibt es Methoden, damit Sie den klassischen Vortrag weiterhin ohne schlechtes Gewissen nutzen können.

Wählen Sie nun aus einer reichhaltigen Vorspeisenplatte an transfersichernden Lehrmethoden!

7.1 Die Kleingruppenarbeit nutzen

Das höchste Ansehen in der transferorientierten Pädagogik genießt die Kleingruppenarbeit als Alternative oder Ergänzung zum Direct Teaching. Nicht der Trainer vermittelt hier die Inhalte, sondern die Gruppe erarbeitet sie selbst. In kleineren Sub-Teams werden realitätsnahe Aufgaben gelöst, durch den Austausch des Wissens der Einzelnen. Gelernt wird aktiv und selbstgesteuert. Damit können in der Kleingruppenarbeit, wenn alles gut läuft, alle drei Kriterien für die Sicherung des Lerntransfers erfüllt werden.

Vielfältige Chancen durch kooperative Lernformen

Der Lernerfolg zeigt sich bei der Kleingruppenarbeit auf mehreren Ebenen. Neben einer überdurchschnittlich hohen Behaltensquote von Inhalten entwickelt sich die soziale und methodische Kompetenz der Lernenden ganz nebenbei – durch gemeinsames Lernen, Sprechen, Entscheidungen treffen und Probleme lösen. Obwohl zahlreiche Studien die vielfältigen Chancen kooperativer Lehrmethoden bestätigen, sind die Lerngruppen dennoch keine Selbstläufer.

Es gibt viele Gefahren für die Effektivität und die Effizienz beim Miteinander-Lernen in Gruppen, wie zum Beispiel:

- den Free-Rider-Effekt: Trittbrettfahrer oder Drücke-berger lassen die anderen arbeiten und profitieren vom Ergebnis.
- den Sucker-Effekt: Die Engagiertesten in der Gruppe verlieren die Lust, weil sie sich ausgesaugt bzw. ausge-nutzt fühlen.
- den Scheren-Effekt: Der Abstand der Guten zu den Schwachen wird größer, weil wer viel weiß, auch mehr macht.
- das Abschiebephänomen: Jeder macht das, was er am liebsten macht, und meidet Aufgaben, die für ihn neu sind.
- den Ressortegoismus: Jeder arbeitet nur für sich und übernimmt keine Verantwortung für die Gesamtkoor-dination.
- den Pseudo-Konsens: Dominierende Gruppenmitglie-der setzen sich immer durch und nehmen den anderen die Motivation.

Also selbst die richtige Organisation der Lernenden in Klein-gruppen ist noch keine Garantie für erfolgreiches Lernen! Dozenten, Referenten und Moderatoren müssen ihre Ge-staltungsmöglichkeiten bewusst wahrnehmen. Dazu haben Sie viele verschiedene Möglichkeiten:
- bei der Art der Aufgabenstellung
- bei der Größe und Zusammensetzung der Gruppe
- bei der Organisation des Miteinander-Lernens.

Jede Ihrer Entscheidungen wird den Verlauf und das Ergeb-nis der Gruppenarbeit maßgeblich beeinflussen!

Geeignete Aufgaben für die Kleingruppen suchen

Nicht jede Aufgabenstellung eignet sich für eine kooperative

Lernform. Stellen Sie sich vor, Sie besuchen als Anfänger einen Grundkurs «Coaching», und der Referent bildet gleich am Anfang Kleingruppen mit der Frage: «Wie ist die Definition von Coaching?» Das wäre sehr wahrscheinlich eine *Überforderung*, denn wenn niemand etwas weiß, kann man auch nicht voneinander lernen – außer man bekommt die nötigen *Hilfsmittel* an die Hand, wie zum Beispiel Texte, in denen die Antworten zu finden sind. Überlegen Sie es sich gut, was aus der Gruppenarbeit herauskommen soll (⇨ Lernziel-Definition) und welche Hilfsmittel die Lernenden benötigen, um selbstständig arbeiten zu können.

Beim Lernen aus Texten ist beispielsweise darauf zu achten, dass die Gruppe nicht nur Faktenwissen ablesen muss. Das ist keine angemessene Aufgabe für ein miteinander Lernen. Eine Diskussion und ein kritischer Austausch über den Text sollte schon nötig sein, um die Aufgabe zu lösen. Der Einzelne muss die Unterstützung der Gruppe beim Lernen auch wirklich brauchen. Beim reinen Ablesen sind keine *Synergien* in der Gruppe spürbar.

Aufgaben eignen sich dann für Kleingruppenarbeiten, wenn mehrere Lernwege und verschiedene Erkenntnisse möglich sind und die Teilnehmer einander wirklich bereichern können. Im Fall des Einsteigerseminars «Coaching» könnte das so aussehen: Jede Gruppe erhält fünf Coaching-Definitionen von verschiedenen Experten, über die 10 Minuten diskutiert wird. Die Sub-Teams bringen die verschiedenen Definitionen auf einen gemeinsamen Nenner und tauschen sich darüber im *Plenum*, das heißt in der gesamten Gruppe aus.

Größe und Zusammensetzung der Lerngruppen

Die Aufgaben bei der Kleingruppenarbeit wollen genauso gut geplant werden wie die Aufteilung der Teilnehmer in die

Sub-Teams. Zur Orientierung können Sie sich im Vorfeld folgende Fragen stellen:

* Wie groß sollen die Kleingruppen sein?
* Wie soll die Kleingruppe zusammengesetzt sein?
* Wer soll die Kleingruppe zusammensetzen?

Bei der *Gruppengröße* gibt es ein Sprichwort: «Die Hand hat fünf Finger!» Das bedeutet, dass eine sinnvolle Belegung bei maximal fünf Teilnehmern liegt. Eine Kleingruppe beginnt laut Definition ab zwei Mitgliedern. Je kleiner die Gruppe, desto leichter entsteht Vertrauen und ein Wir-Gefühl. Deshalb werden *Partnerarbeiten* oder *Partner-Interviews* häufig am Seminarbeginn zum Auftauen benutzt. Doch die Kehrseite der Medaille: Je kleiner die Gruppengröße, desto mehr Sub-Teams sind zu koordinieren. Jede Kleingruppe braucht mehr oder weniger Betreuung, und wenn alle ihre Ergebnisse im Plenum präsentieren wollen, dauert es zermürbend lange.

Die Wahl der Gruppengröße ist eine Fahrt zwischen Scylla und Charybdis. Denn sind die Sub-Teams wiederum zu groß, dann treten verstärkt die bereits beschriebenen *destruktiven Gruppenspiele* auf.

Nach der Festlegung der Gruppengröße stellt sich die Frage, wie sich die Kleingruppen finden sollen. Dafür gibt es drei Möglichkeiten:

Erstens entscheiden Sie als *Dozent*, wer mit wem zusammenarbeitet. Wenn Sie das in der Erwachsenenbildung praktizieren wollen, dann sollten Sie eine gute transparente Erklärung dafür parat haben.

Dazu ein sinnvolles Beispiel, wann der Dozent bestimmt

In der Niederlassung eines Autohauses soll eine Teamentwicklung stattfinden. Es gibt in der Realität die Abteilungen Verwaltung, Vertrieb und Werkstatt. Um die Fachbereiche möglichst schnell zu integrieren, kann der Trainer dazu auffordern, dass in den verschiedenen Lerngruppen jede Abteilung einmal vertreten ist.

Finden Sie heraus, wann eine Gruppe leistungsfähiger ist, wenn sie *homogen*, das heißt Gleiche zu Gleichen, oder *heterogen*, das heißt beliebig oder bewusst gemischt zusammengesetzt ist.

Eine zweite Möglichkeit, die Gruppenzusammensetzung zu variieren, besteht im *Zufallsprinzip*: Sie können Lose ziehen oder abzählen lassen oder nach bestehenden Sitzgruppen zusammenfassen. Das wird von den Teilnehmern sehr geschätzt, denn die Abwechslung verhindert die Bildung von Cliquen und macht die Zusammenarbeit für alle interessanter.

Und drittens können Sie die *Teilnehmer* selbst entscheiden lassen, wer mit wem was lernen möchte. Sie nennen zum Beispiel die verschiedenen Aufgaben und bitten um Handzeichen, wer sich für welches Thema interessiert. Alternativ: Sie suchen für die anstehenden Aufgaben je einen Moderator, der sein Team selbst akquiriert. Empfehlen Sie den Moderatoren nach möglichst unbekannten Teammitgliedern Ausschau zu halten. So wird niemand beleidigt, der den Moderator gut kennt und nicht von ihm gewählt wird.

Das Lernen in der Kleingruppe organisieren

Wenn die Aufgabe und die Gruppe definiert sind, dann geht es noch um die Entscheidungsspielräume bei der *Lernorganisation* der Kleingruppenarbeit. Hierbei empfehlen Experten nur eine Grobstrukturierung des Lernprozesses vorzunehmen und kein Mikromanagement zu betreiben. Wenn alles bis ins kleinste Detail geplant bzw. vorgegeben ist, verlieren die Gruppen ihre Kreativität und den ⇨ Spaß am Lernen. Dennoch lohnt es sich, über die folgenden Möglichkeiten der Organisation nachzudenken:

Zum Beispiel, ob Sie die Sub-Teams *arbeitsteilig* an verschiedenen Aufgaben arbeiten lassen oder parallel alle an dem selben Thema. Parallele Bearbeitung macht nur Sinn, wenn das Thema wirklich so wichtig ist, dass sich alle intensiv damit beschäftigen sollen oder wenn Sie je nach Sub-Team andere Ergebnisse erwarten.

Ein Thema, das sich für die parallele Erarbeitung eignet

Im Rahmen eines Optimierungsworkshops wird in einem Kunden-Center die folgende Frage von den verschiedenen Arbeitsbereichen (Vertrieb, Verwaltung, Montage) parallel bearbeitet:

Wenn wir der Vorstand unseres Unternehmens wären, was würden wir bewahren und was würden wir ändern?

Diese Frage ist so wichtig, dass sich wirklich jeder aus der Perspektive seines Fachbereichs dazu einbringen soll.

Ein Thema, das sich für eine parallele Bearbeitung nicht eignet, wäre zum Beispiel: Wie bedienen Sie in einer Präsentation die drei ⇨ Lerntypen? Die Antworten der Kleingruppen würden sich zu 95 Prozent decken, und wenn alle zu den gleichen Ergebnissen kommen und diese im Plenum präsentieren, ist das reine Zeitverschwendung. Besser: Sie lassen zu dem Thema «Lerntypen» arbeitsteilig verschiedene Aspekte bearbeiten.

Beispiel für eine sinnvolle Arbeitsteilung der Sub-Teams

- Aufgabe für Sub-Team 1:
  Wie bedienen Sie als Dozent die drei Lerntypen?
- Aufgabe für Sub-Team 2:
  Wie geben Sie den drei Lerntypen Feedback?
- Aufgabe für Sub-Team 3:
  Wie motivieren Sie die drei Lerntypen zum Lernen?

Zu einer professionellen Organisation der Kleingruppenarbeit gehören auch *Zeit- und Zielvorgaben*. Von zu eng gesetzten Zeitvorgaben oder Leistungsdruck ist in der Erwachsenenbildung eher abzuraten. Solche Spielchen, im Sinne von «wer wird als Erster fertig oder hat die meisten Punkte», gehören in die Schule. Kinder haben an Wettbewerben mehr Spaß. Die Zeitvorgabe für die Kleingruppenarbeit soll eher als Orientierung verstanden werden. Jede Gruppe braucht ihre eigene Zeit, und die soll sie auch bekommen. Wenn Sie den Sub-Teams signalisieren wollen, nun langsam, aber sicher zum Ende zu kommen, dann fragen Sie in die Runden: «Wie lange brauchen Sie noch?» Die kürzeste Zeitangabe wird den restlichen Kleingruppen ein Ansporn sein, denn niemand will noch arbeiten, während bereits alle anderen Pause machen.

Um den Lernprozess in Gruppen effektiver zu gestalten, können Sie an einzelne Teilnehmer ⇨ *Rollen* vergeben, wie zum Beispiel
- die Moderatoren-Rolle,
- die Beobachter-Rolle oder
- die Erklärer- und die Wiederholer-Rolle.

Hilfreich für die Rollenspieler ist es, wenn sie eine kurze Handlungsempfehlung für ihre Aufgabe erhalten.

Dazu drei Beispiele zur Anleitung der Rollen

Die Moderatoren-Rolle:
Der Moderator einer Kleingruppe wird nach dem Zufallsprinzip gewählt. Dann erhält er eine Karte mit seinen Aufgaben, wie zum Beispiel:
* Der Moderator achtet darauf, dass alle Meinungen gehört werden und jeder ausreden darf.
* Der Moderator visualisiert am Flip-Chart die Beiträge der anderen Lernenden.

Die Beobachter-Rolle:
In einer Kleingruppenarbeit wird einer von der Gruppe zum Beobachter gewählt. Dieser konzentriert sich nicht auf die Inhalte, sondern nur auf den Lernprozess, um der Gruppe danach Feedback zu geben. Als Unterstützung erhält er folgende Fragen auf einem Blatt:
* Wer ist der heimliche Gruppenführer?
* Was läuft gut in der Zusammenarbeit?
* Was hätte die Gruppe in der Vorgehensweise anders machen können, um schneller zum Ziel zu kommen?

Die Erklärer-Rolle und die Wiederholer-Rolle:
A erklärt B einen Lerninhalt. Wenn A damit fertig ist, wiederholt B das von A Gesagte. So können A und B feststellen, ob die Wissensvermittlung geglückt ist.

Die größte Erleichterung für das Lernen in Gruppen bietet das Medium ⇨ Pinnwand. Sie dient zur *Visualisierung* der Beiträge der Teilnehmer und als Arbeitsfläche zur systematischen Entwicklung neuer Einsichten. Achten Sie stets darauf, dass die Lerngruppen ihre Ergebnisse visualisieren.

Zum einen fördert es die Behaltensquote, zum anderen muss das Wissen aus den Sub-Teams irgendwie wieder ins Plenum, um alle Lernenden auf denselben Stand zu bringen.

Dazu gibt es folgende bewährte Vorgehensweisen:

- Die Sub-Teams erarbeiten als Zusammenfassung ein für sich sprechendes Lernplakat oder
- die Sub-Teams bereiten eine lebendige transferorientierte Präsentation füreinander vor.

Eine weitere, kreative Methode für den Wissensaustausch ist das so genannte *Gruppen-Puzzle*, dessen Lernerfolge empirisch belegt sind:

Die Sub-Teams A, B und C erarbeiten arbeitsteilig bestimmte Aspekte zu einem Hauptthema. Sie fassen ihre Ergebnisse auf einem so genannten Expertise-Blatt (DIN-A-4) schriftlich zusammen, damit es später für alle kopiert werden kann. Im nächsten Schritt treffen sich je ein Vertreter aus A, ein Vertreter aus B und einer aus C. Die drei Experten für ihr Thema vermitteln sich nun im direkten Gespräch gegenseitig das erarbeitete Wissen. Sie können zur Visualisierung die einfache Technik des ⇨ Scribbelns benutzen.

Danach gehen alle wieder in ihre ursprüngliche Gruppen zurück und fassen noch einmal zur Erinnerung das neu Gelernte auf je einer Din-A-4 Seite zusammen. Dann erhalten Sie die Kopien der Expertise-Blätter und können so den Lernerfolg selbst überprüfen.

Die Selbstkontrolle der Gruppen fördern

Die Kleingruppenarbeit bewusst gestalten

Geeignete Aufgaben für die Kleingruppenarbeit ...

- Praxisrelevante, den Lernenden angemessene Aufgaben
- Mit oder ohne Hilfsmittel lösbare Aufgaben?
- Wenn mehrere Lernwege und Erkenntnisse möglich sind
- Wenn der Einzelne den Vorteil von der Lerngruppe spürt

Ideale Gruppengröße und Zusammensetzung ...
- ideale Gruppengröße zwei, drei, vier oder fünf Teilnehmer
- Sub-Teams bestimmt vom Dozenten (homo-/heterogen)
- Sub-Teams bestimmt vom Zufall (Lose, Abzählen)
- Lernende bestimmen selbst wer? mit wem? was lernt?

Erfolgreiche Organisation der Kleingruppenarbeit ...
- Parallelarbeiten oder Arbeitsteilung der Sub-Teams
- Zeit- und/oder Zielvorgaben als grobe Orientierung
- Die Arbeitsergebnisse (mit der Pinnwand) visualisieren
- Rollen vergeben (Moderator, Beobachter, Wiederholer ...)

Das Wissen vom Sub-Team ins Plenum bringen ...
- Mit einem für sich sprechenden Lernplakat
- Mit einer aktivierenden Präsentation
- Mit dem Experten-Puzzle
- Mit Expertise-Blättern die Selbst-Kontrolle fördern

Unabhängig von Themen, Gruppenbildung und Lernorganisation geben die Pädagogen noch die allgemeine Empfehlung, die Teilnehmer auf das Lernen in Gruppen an sich sorgfältig vorzubereiten. Dazu gehört ein ⇨ motivierender Einstieg, der das Vorhaben «Kleingruppenarbeit» erklärt und die ⇨ WHID-Frage beantwortet. Die Lernenden sollten vorher wissen, was auf sie zukommt, warum man es macht, was sie damit erreichen können und wie es geht (⇨ 4-mat-System).

Ein motivierender Einstieg in die Kleingruppenarbeit

Der Trainer sagt zur Gruppe: «Es geht heute um das Thema «Bearbeitung von Kunden-Reklamationen.» Wir werden nun in drei Sub-Teams folgende Fragen bearbeiten:

1. Wie können wir im Vorfeld Reklamationen vermeiden?
2. Wie nehmen wir Reklamationen entgegen?
3. Was tun wir im Nachhinein, um den Kunden zu binden?

Jedes Sub-Team beschäftigt sich mit einem der drei Themen.

Diese Vorgehensweise hat viele Vorteile für Sie: Zum einen kann in den Kleingruppen jeder sein bereits vorhandenes Wissen und seine Erfahrungen einbringen, und ich brauche Sie nicht mit Inhalten zu langweilen, die Sie ohnehin längst wissen. Außerdem kommen Sie so zu Ergebnissen, die genau zu Ihnen und Ihrem Unternehmen passen. Wenn sich alle an dem Prozess hier beteiligen, stehen die Chancen gut, dass Sie danach das Gelernte auch erfolgreich umsetzen.»

Achtsame Einführung in die Kleingruppenarbeit

Zu einer gewissenhaften Einführung in die Kleingruppenarbeit gehört ebenso das Vereinbaren von Spielregeln für die Zusammenarbeit, wie zum Beispiel «Jeder darf ausreden» oder «Unsere Handys bleiben aus».

Spielregeln betreffen nicht nur das Sozialverhalten der Lernenden, sondern auch Vereinbarungen über den Lernprozess. Die Lernerfolge in Kleingruppen sind deutlich größer, wenn die Teilnehmer wissen, wie sie miteinander arbeiten sollen. Wenn zum Beispiel die Kleingruppe das Wissen aus Texten erschließen soll, dann sollte sie vorher mit den besten Lesestrategien vertraut gemacht werden. Und wenn die Lernenden sich nach der Kleingruppenarbeit gegenseitig ihr Wissen weitergeben, dann brauchen sie dazu auf jeden Fall ein Mindestmaß an ⇨ pädagogischer Kompetenz: zu wissen, wie man in der Gruppe effektiv und effizient lernt und zugleich den Lerntransfer sichert.

Das jedenfalls konnte der berühmte Versuch von Ann Brown und Annemarie Palinscar aus dem Jahr 1984 voll und ganz bestätigen. Das Forschungsprojekt hieß *Reciprocal Tea-*

ching (das heißt wechselseitiges Lehren) und untersuchte die Lernfortschritte von Schülern, die nicht vom Lehrer unterrichtet wurden, sondern selbst abwechselnd in die Lehrerrolle schlüpften.

Das erstaunliche Ergebnis: Die Schüler entwickelten sich prächtig, die Lernerfolge waren phänomenal. Eine der Erklärungen dafür war, dass die Lernenden vorher für ihre Rollen als Wissensvermittler qualifiziert wurden.

Die Kleingruppenarbeiter pädagogisch qualifizieren

Wenn die Lernenden sich gegenseitig etwas erklären, laufen sie zur Hochform auf. Beim Bemühen, sich möglichst verständlich auszudrücken, und beim Beantworten der Fragen der «Laien» werden neue Einsichten gewonnen. Der Engländer sagt dazu: «If you don't know it, teach it!» oder «Wenn du etwas nicht verstanden hast, dann lehre es!». *Lernen durch Lehren* gilt heute als das Erfolgsgeheimnis in der Pädagogik schlechthin.

Neben einer guten Vorbereitung auf die wechselseitige Wissensvermittlung sollten die Lernenden eher langsam an die Kleingruppenarbeit herangeführt werden. Das bedeutet – für die Aufgabenstellung, die Gruppengröße und die Organisation – sich Schritt für Schritt zu steigern

* von einfachen Aufgaben zu komplexeren Themen,
* von kleinen (zwei Lerner) zu größeren Gruppen (maximal fünf),
* von kurzen Arbeitsphasen (zehn Minuten) zu längeren.

Langsam zum Lernen in Gruppen hinführen

Jede weitere Kleingruppenarbeit profitiert von den Erfahrungen der vorhergehenden. Verstärken können Sie diesen Effekt, wenn Sie nach der Besprechung der Ergebnisse im-

mer auch den *Lernprozess* gemeinsam reflektieren, wie zum
Beispiel mit folgenden Fragen:

* Wie wären wir noch schneller zum Ziel gekommen?
* Was lief bereits gut, was hat sich bewährt?

Ergebnisse und Lernprozess gemeinsam reflektieren

Die letzte und zugleich wichtigste Empfehlung der Forscher
betrifft den Dozenten und sein Rollenverständnis. Viele
Trainer machen sich während der Gruppenarbeiten ein
«schönes Leben», verlassen den Raum, setzen sich ins Café
oder in den Garten. Diese Dozenten handeln grob fahrlässig!
Der Trainer hat während der Gruppenarbeit nicht frei!
Er ist bei kooperativen Lernformen nicht nur in der Vorbereitung und Nachbesprechung gefordert, sondern auch im
Lernprozess selbst. Wenn ein Dozent am Lernerfolg der Teilnehmer interessiert ist, dann schaut er immer mal wieder bei
den Sub-Teams vorbei. Nur so kann er feststellen,

* ob die Aufgabe wie geplant verstanden wurde,
* ob die Gruppenbildung ideal war,
* ob das Ziel in der geplanten Zeit erreichbar ist,
* und ob die bereit gelegten Hilfsmittel ausreichen zur
  selbstständigen Erarbeitung der Fragen.

Jede Gruppe ist anders, hat andere Schwierigkeiten und andere Stärken. Nur wenn Sie wie ein unsichtbarer Engel hinter den Sub-Teams stehen, können Sie unterstützend eingreifen, wenn etwas völlig daneben läuft. Es gilt das Prinzip:

So wenig Einmischung wie möglich und
so viel Unterstützung wie nötig!

Ein professioneller Trainer nutzt die Chance der Kleingruppenarbeit, um Dinge wahrzunehmen, die ihm sonst im ⇨

Direct Teaching leicht entgehen, wie zum Beispiel Antipathien, Ängste, Frustrationen oder Konfliktpotenziale. Lassen Sie sich überraschen, wie interessant allein die Beobachtung der Unterschiede zwischen den Sub-Teams und der Art miteinander zu lernen sein kann!

Die Kleingruppenarbeit achtsam einführen

Die Eröffnung der Kleingruppenarbeit ...
- Einstieg mit Was? Warum? Mit welchen Chancen? Wie?
- Spielregeln für die Zusammenarbeit vereinbaren
- Die Kleingruppenarbeiter erst pädagogisch qualifizieren

Die Lernorganisation speziell am Anfang ...
- Von einfachen zu komplexeren Aufgaben führen
- Von kleinen Gruppen (2) zu größeren (5) steigern
- Von kurzen (10 Min.) zu längeren Arbeitsphasen (60 Min.)
- Ergebnisse und den Lernprozess gemeinsam reflektieren

Die Rolle des Trainers bei der Gruppenarbeit ...
- Planung der Aufgabe, Hilfsmittel und Lernorganisation
- Planung der Gruppenbildung (Größe und Art)
- Der Trainer hat nicht frei während der Gruppenarbeit!
- Beobachtung des Gruppenprozesses (Nachbesprechung)
- So wenig Einmischung wie möglich, so viel wie nötig!

7.2 Rollenspiele und Diskussionen leiten

Rollenspiele und Diskussionen gehören wie die Kleingruppenarbeit zu den kommunikativ akzentuierten Lehrmethoden. Auch sie erfüllen alle drei Kriterien zur Sicherung des Lerntransfers:

- gelernt wird an realitätsnahen Fallbeispielen,
- aktiv und selbst gesteuert sowie
- im und durch den sozialen Austausch.

Beginnen wir mit dem *Rollenspiel*. Hier schlüpfen die Lernenden in typische Situationen aus ihrem Berufsalltag, die ihnen mehr oder weniger Schwierigkeiten bereiten:
- Führungskräfte führen ein Mitarbeitergespräch;
- Verkäufer überzeugen einen Kunden zum Kauf;
- Innendienstler nehmen eine Beschwerde entgegen;
- Schüler vermitteln im Konflikt von Mitschülern.

Die größte Lernchance im Rollenspiel liegt im *Perspektivenwechsel*, das heißt in der Möglichkeit, auch die Position der «Gegenpartei» einmal zu übernehmen. In der Realität sieht jeder die Welt nur aus seinen Augen, und durch das mangelnde Grundverständnis des anderen entstehen die Probleme im Miteinander. Ganz sicher werden durch das Schlüpfen in andere Rollen wertvolle Einsichten geboren.

Außerdem führen Rollenspiele wie keine andere Lehrmethode zur Selbsterkenntnis. In der «nur» gespielten Situation ist es viel leichter, sich selbst mit einer gewissen Distanz zu betrachten. In der Realität sind Menschen schnell von ihren Emotionen in der Wahrnehmung blockiert. Sie können ihren Anteil am Geschehen dann nicht sehen. Und wer seine Verhaltensmuster trotzdem im Rollenspiel nicht erkennt, der kommt sicher durch das konstruktive ⇨ Feedback der Gruppe weiter.

Rollenspiele erweitern die Wahrnehmung

Rollenspiele laden zum Experimentieren und Ausprobieren neuer Verhaltensweisen geradezu ein. Menschen neigen dazu, in ähnlichen Situationen immer gleich zu reagieren. Im

Schonraum Seminar können in Ruhe Alternativen entwickelt und ausprobiert werden – ohne jedes reale Risiko!

Learning-by-doing ohne Risiko im Rollenspiel

Ganz nebenbei erwähnt: Bei Rollenspielen sind auch alle drei ⇨ Lerntypen hervorragend bedient:
* die Visuellen sehen, was passiert,
* die Auditiven sprechen im und über das Rollenspiel
* und die Kinästheten fühlen, fast wie in der realen Situation, mit.

Noch mehr Realitätsnähe und Teilnehmer-Einbezug kann kaum eine andere Lehrmethode bieten. Und dennoch werden Sie mit Rollenspielen bei den meisten Lernenden auf keine Gegenliebe stoßen. Häufig kommt das Argument, das sei nicht so realistisch, und die echte Praxis sähe anders aus. Dahinter stecken meistens Ängste, etwas vormachen zu müssen und sich dabei zu blamieren.

Rollenspiele sind bei den Lernenden eher unbeliebt

Wenn Teilnehmer den Begriff «Rollenspiel» hören, dann denken die meisten an folgende Situation: Die Gruppe schaut schweigend zwei Rollenspielern zu, die sich verzweifelt abmühen, dabei eine gute Figur zu machen. Die Videokamera läuft und hält all die Unzulänglichkeiten der Spieler fest. Stundenlang wird im Nachhinein, im Dunkeln sitzend, das Video gemeinsam ausgewertet. Das ist gängige Praxis und ein Alptraum für alle Beteiligten!

Wenn Sie möchten, dass von Ihren Rollenspielen wirklich alle profitieren und es trotzdem Spaß macht, dann brauchen Sie ein paar mehr Ideen zur Umsetzung.

Die Lernenden langsam an die Rollenspiele heranführen

Vergeben Sie am Anfang den Teilnehmern ganz unauffällig ihre ersten Rollen, ohne gleich von Rollenspiel zu sprechen.

Dazu drei Beispiele aus der Seminar-Praxis

1. Bitten Sie am Anfang Ihres Kurses einen Teilnehmer für diesen Tag den Anwalt der Zeit zu spielen und darauf zu achten, dass wir spätestens alle 1,5 Stunden eine Pause machen. Fragen Sie nach einem zweiten Freiwilligen, der darauf achtet, dass die Seminargruppe vom Thema nicht zu weit abschweift. Verteilen Sie die Rollen mit einem echten Wecker und einem Roten Woll-Faden.
2. Bei einer Trainer-Ausbildung verteilen Sie während einer aus der Gruppe vorne präsentiert, an die Zuhörer bestimmte Rollen von «schwierigen» Teilnehmern, wie zum Beispiel:
   * Sie sind ein gelangweilter Zuhörer.
   * Sie sind ein sehr kritischer Zuhörer.
   Jeder zieht verdeckt eine Karte, so dass niemand weiß, wer welche Rolle bekommt. Der Referent versucht zu erraten, wer welche Rolle übernommen hat.
3. Bei einem Strategie-Workshop stellen Sie in einem Raum drei Pinnwände möglichst weit entfernt voneinander auf. Auf der ersten Pinnwand steht «Der Träumer», auf der zweiten «Der Kritiker» und auf der dritten «Der Realist». Die Gruppe teilt sich in drei Sub-Teams und beschäftigt sich mit dem Unternehmen aus dem Blickwinkel der jeweiligen Rolle heraus.

Rollen vergeben, ohne von Rollenspiel zu sprechen

Lassen Sie die Teilnehmer langsam in die Übernahme von Rollen hineinwachsen. Das wird erleichtert, wenn
*   Sie vorerst auf die Kamera verzichten,

- nicht im Plenum, sondern in Dreier-Gruppen und
- nur in kurzen Sequenzen spielen lassen (drei bis fünf Minuten).

Bei den ersten Rollenspielen sind *ABC-Gruppen* die ideale Ausgangssituation. Innerhalb der Sub-Teams gibt es zwei Rollenspieler A und B und einen Beobachter C. Wenn Sie viel Zeit haben und das ⇨ Lernziel es Ihnen Wert ist, können Sie alle Rollen von jedem Mitglied einmal durchspielen lassen. In der Kleingruppe vor nur einem Beobachter zu spielen, wird viel entspannter erlebt als vor dem Plenum. Außerdem können so gleichzeitig viel mehr Lernende ihre Erfahrungen machen und sind nicht nur zum Lernen durch Zuschauen verdammt. Und die wichtigsten Erkenntnisse können hinterher in der Großgruppe immer noch ausgetauscht und visualisiert werden.

Rollenspiele in ABC-Gruppen organisieren

Am meisten beunruhigt die Gegner von Rollenspielen, dass sie in der gespielten Situation improvisieren müssen und ihnen vielleicht nichts «Intelligentes» einfallen könnte. Diese Befürchtungen räumen Sie mit einer geschickten *Spielanleitung* aus dem Weg, wie zum Beispiel

- *durch häufige Time-outs (Stopps):* Die Spieler oder der Trainer dürfen jederzeit das Spiel anhalten, um von der Gruppe Anregungen zum Weitermachen zu bekommen.
- *durch mehrmaligen Austausch der Spieler:* Sobald das Spiel ins Stocken gerät, werden die Spieler durch Zuschauer ausgetauscht oder die Rollenspieler A und B tauschen ihre Rollen.
- *durch Unterbrechungen zur Selbstreflexion:* Der Trainer hält das Spiel an und fragt die Akteure: Wenn ihr dieses Ge-

spräch nochmal beginnen könntet, was würdet ihr «anders» machen? Das Spiel wird dann so «anders» fortgesetzt.

- *durch Vorbereitung des Rollenspiels:* Rollenspieler schätzen die absolute Transparenz, was im Spiel auf sie zukommt. Sie bereiten sich vor.

Die Spielregel für das *Feedback* sollte für alle Rollenspiele gleichermaßen gelten: Zuerst wird immer der Spieler selbst gefragt: «Was würdest du aus jetziger Sicht anders machen?» Die Gruppe ergänzt nur noch, was der Rollenspieler selbst nicht erkannt hat. Das Feedback aus der Gruppe muss konstruktiv formuliert sein, das heißt, es ist nicht erlaubt zu sagen, was «schlecht» war, ohne bessere Alternativen aufzuzeigen.

Die Rollenspieler mit Spielanleitungen absichern

Die größte Entlastung für die Rollenspieler bringt ein Vorgehen, das vom *Improvisationstheater* abgeleitet ist. Bei dem gibt es eine Bühne und eine kleine Stammgruppe an Schauspielern. Die Schauspieler haben nichts geprobt, sie stehen auf der Bühne und warten auf Regieanweisungen aus dem Publikum. Jeder darf mitspielen, solange die Zuschauer das wollen. So entstehen ganz spontan lebendige Theaterstücke. Genauso können Rollenspiele auch organisiert werden.

Eine Alternative zur Regieanweisung aus der Gruppe ist das Vergeben von Rollen in der Rolle. Das hört sich komplizierter an, als es ist. Eine Rolle in der Rolle ist zum Beispiel, wenn einer den Chef spielt und er vorher eine von vier Karten zieht, auf der steht, wie er das tun soll:

- Karte 1: Sie sind ein ungeduldiger Macher.
- Karte 2: Sie sind ein Detail-verliebter Analytiker.
- Karte 3: Sie sind loyal und verlässlich für Ihr Team.
- Karte 4: Sie sind kommunikativ, offen und herzlich.

Das zu spielende Mitarbeitergespräch wird je nach Karten-
inhalt sicherlich anders verlaufen. Ohne Rolle in der Rolle
wäre der Spieler ganz auf sich gestellt und der Seelenstrip
könnte beginnen. Natürlich erfährt man über die Persön-
lichkeiten der Teilnehmer mehr, wenn man sie mit der har-
ten Schule des Rollenspiels konfrontiert. Die Frage ist, ob das
im betrieblichen Kontext zum einen zulässig und zum anderen sinnvoll ist. Wir sind in der Firma und nicht beim Therapeuten! Unter dem enormen Leistungsdruck eines kon-
ventionellen Rollenspiels können sich schon mal kleine
menschliche Schwächen als schwere Verhaltensstörung darstellen.

Bei einem innerbetrieblichen Seminar hat ein Spieler
viel zu verlieren, sein Ansehen und den Respekt seiner Kollegen. Die Frage ist, ob Sie als Dozent dieses Risiko eingehen wollen und was Sie dabei wirklich gewinnen.

Seelenstrip im Rollenspiel vermeiden

Um zu lernen, wie man es «besser» macht, ist es gar nicht nötig, dass die Rollenspieler ihre Unzulänglichkeiten bis in die
tiefsten Winkel ihrer Seele ergründen. Das Rollenspiel ist
gerade zum Einüben neuer Fähigkeiten eine ideale Platt-
form. Das Analysieren «verpfuschter» Situationen mag schon
seine Berechtigung haben, doch angenehmere Lernchancen
liegen sicher im *Vorwärts-Rollenspiel*. Beim Vorwärts-Spielen
geht die Blickrichtung in die Zukunft der Lernenden. Es
wird gespielt, wie es zukünftig «besser» ablaufen kann.

Dazu ein Beispiel für ein Vorwärts-Rollenspiel

Die Vertriebsmitarbeiter überlegen sich, welche Fähigkeiten ihnen
manchmal im Umgang mit schwierigen Verhaltensweisen von Kunden

fehlen. Das kann bei jedem Teilnehmer etwas anderes sein: zum Beispiel die fehlende Gelassenheit, ein Mangel an Geduld oder Selbstsicherheit. Nun beginnen die Rollenspiele in Dreier-Gruppen. A ist Vertriebsmitarbeiter und B ist der «schwierige Kunde». C ist der Beobachter.

Der Vertriebsmitarbeiter A soll die Rolle so spielen, als ob er seine fehlende Fähigkeit bereits im Überfluss hätte.

Aus den Erfahrungen des Vorwärts-Spiels profitiert der Lernende dann im Alltag. Er hat viel gelernt, durch das Ausprobieren der neuen Fähigkeit – und ohne es zu merken, das «Neue» bereits ein Stück weit integriert. Hier kann sogar eine Video-Aufzeichnung den Lernerfolg verstärken. Bitte verschonen Sie die Teilnehmer davon, mehr als eine Szene im Plenum auszuwerten. Es langweilt zu Tode. Bieten Sie stattdessen Einzelgespräche außerhalb der Seminarzeiten an oder schenken Sie den Teilnehmern ihre Aufnahme zur Selbstreflexion.

Videoaufnahmen im Einzelgespräch auswerten

Eine besondere Art von Rollenspielen sind angeleitete *Diskussionsrunden*. Hier werden in der Regel an die gesamte Gruppe Rollen mit einer bestimmten Meinung vergeben, wie zum Beispiel eine Pro- oder eine Contra-Position zu beziehen. Die Überzeugung, die von den einzelnen Teilnehmern in der Diskussion vertreten wird, kann sich mit ihrer eigenen Meinung decken, muss aber nicht.

Beispiel für eine Pro- und Contra-Diskussionsrunde

Bei einer Trainer-Ausbildung ist die Hälfte der Gruppe für den Einsatz von Rollenspielen und die andere Hälfte argumentiert dagegen. Es wird fünf Minuten diskutiert, dann werden die Rollen vertauscht.

Zum inhaltlichen Lerneffekt kommt in Diskussionen noch die Entwicklung der sprachlichen Ausdrucksfähigkeit – so ganz nebenbei. Außerdem sind Diskussionen eine gute *Wiederholung* und konfrontieren die Lernenden spontan mit allen möglichen Fragen zur ⇨ Lernerfolgskontrolle. Beim Vertreten ihrer Position müssen sie

* Fakten im Detail wissen (⇨ Lernziel-Level I) sowie
* auf Verständnisfragen (⇨ Lernziel-Level II),
* auf Bewertungsfragen (⇨ Lernziel-Level III)
* und auf Transferfragen (⇨ Lernziel-Level IV) der Gegner antworten können.

Diskussionen eignen sich zur Lernerfolgskontrolle

In der Hitze der Diskussion bemerken die Lernenden schnell ihre Lücken, wenn ihnen die Argumente ausgehen. Über den Austausch verschiedener Perspektiven finden sie zu einem tiefen Verständnis für das Stoffgebiet und zu einer gut reflektierten eigenen Meinung. Sehr geeignet dafür ist die so genannte *Podiumsdiskussion*:

Es gibt drei bis fünf verschiedene Themen, die von je einem Sub-Team erarbeitet werden. Jede Kleingruppe schickt später einen Vertreter aufs Podium. Hier diskutieren die verschiedenen «Experten» heftig über das Gelernte. Ein Moderator eröffnet die Diskussion und bittet die Experten um ihre ersten Statements. Die restlichen Teilnehmer richten im Verlauf der Diskussion an die Experten ihre speziellen Fragen.

Bei einer sehr großen Gruppe kann man noch *Lauscher an der Wand* positionieren: Das sind Teilnehmer, welche versteckt hinter einer Pinnwand stehend, die wichtigsten Einsichten aus der Diskussion notieren und später der Gruppe zurückmelden.

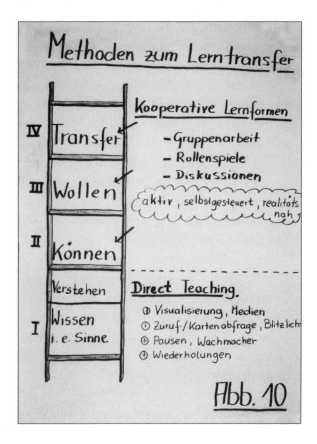

Abb. 10

Dazu ein Beispiel aus einer Trainerausbildung

Drei Gruppen A, B und C machen sich mit Hilfe von Texten arbeitsteilig schlau in Bezug auf die drei Medien Pinnwand, Flipchart und Beamer. Jedes Team entsendet einen Experten in die Podiumsdiskussion, die in einen fiktiven Rahmen gestellt wird: Die Experten sollen sich vorstellen, sie wären Verkäufer ihres Mediums, und vor ihnen sitzen Unternehmer und Personalentwickler, die vor einer Kaufentscheidung stehen. Jeder Experte muss dafür sorgen, dass sein Medium die meisten Käufer gewinnt.

Bei all den Vorzügen der Diskussionsrunden gibt es auch Gefahren, die Sie erkennen sollten, wie zum Beispiel

* *Das Gewinner-Verlierer-Spiel:* Die Diskussion kann entgleiten und die Konflikte eskalieren. Die Teilnehmer nehmen sich hinterher das «Gesagte» übel. Es geht nicht mehr um die Inhalte, sondern wer die Diskussion gewinnt.

* *Die lahmende Diskussion:* Die Diskussion ausschließlich auf der Sachebene schafft es nicht, die Teilnehmer wirklich zu aktivieren. Gelernt wird beim Diskutieren am besten durch ein gewisses Maß an emotionaler Betroffenheit.

* *vorschneller Gruppenkonsens oder Endlosschleife:* Wenn sich die Parteien zu schnell einig sind, werden Meinungen nur verhärtet, statt sie wirklich gründlich zu hinterfragen. Nur weil alle einer Meinung sind, muss sie noch lange nicht richtig sein. Auch das Gegenteil ist nicht effektiv: wenn jedes Argument so lange zerredet wird, bis es alle nervt.

In Gruppendiskussionen stehen die weniger Wortgewandten manchmal sehr unter Druck. Sorgen Sie als Dozent dafür, dass auch die Stilleren ausreichend zu Wort kommen und sie nicht von den Kommunikativen zugetextet und überredet werden.

Auf die weniger wortgewandten Lernenden achten

Wenn Sie bei einer Lerngruppe destruktive Auswüchse einer Diskussion befürchten, dann imitieren Sie einfach die *griechische Tragödie.* Es gibt eine Bühne und auf der befinden sich 80 Prozent der Schauspieler. Am Rand der Bühne sitzen einige «Götter» mit Masken, die den Spielverlauf beobachten. Diese Götter haben die Macht, mit einem Klingelzeichen das Spiel der Menschen auf der Bühne kurzfristig einzufrieren, um darüber ihre Kommentare abzugeben oder sogar in die Handlung einzugreifen.

Genauso können Sie mit einem akustischen Signal die Diskussion jederzeit stoppen und vorher bestimmte *Supervisoren* bitten, sich über die Art der Diskussion auszulassen. Zum Beispiel zu sagen,

* wie die Diskussion auf sie wirkt,
* wer zu wenig oder zu viel gehört wird,
* wer zu verletzend oder zu hart argumentiert,
* welche Inhalte zu viel oder zu wenig gehört werden
* oder was in der Diskussion bisher vergessen wurde.

Die Supervisoren haben absolute Handlungsfreiheit. Sie dürfen wie die Götter in der griechischen Tragödie eingreifen und einzelne Diskussionsmitglieder ohne Begründung versetzen – zum Beispiel einen Dominanten und einen Stilleren die Plätze tauschen lassen oder einen rhetorisch Übermächtigen in die Gegenposition schicken. Danach wird weiterdiskutiert, so dass die Lernenden die Chance haben, aus dem Wissen der «Götter» zu lernen.

Supervisoren als Hüter der fruchtbaren Diskussion

Diskussionen als Lehrmethode sprechen in erster Linie die auditiven ⇨ Lerntypen an. Die Kinästheten sind dann im Boot, wenn die Diskussion emotional aktivierend ist und es heiß hergeht. Nur der visuelle Lernkanal ist unterversorgt – es sei denn, Sie integrieren eine Visualisierung in die Diskussion. Das kann so aussehen:

Für jede Position steht einer aus dem Sub-Team am Flipchart und notiert die wichtigsten Argumente aus der Diskussion. Danach werden diese ⇨ Expertise-Blätter als Lernplakate ausgehängt. Die Expertise-Blätter bzw. Zusammenfassungen der wichtigsten Aspekte können für alle sichtbar oder auch verdeckt, bei den ⇨ Lauschern an der Wand erarbeitet werden. Ohne Visualisierung ist die Gruppendiskussion als Lehrmethode nur die Hälfte wert.

Visualisierungen in die Diskussion integrieren

Wie die Kleingruppenarbeit, will auch eine Diskussion gut vorbereitet sein. Die Lernerfolge mit der Diskussionsmethode sind um ein Vielfaches größer, wenn die Gruppen ihre Argumente und die Fragen an die Gegenposition gut vorbereiten. Die Fragen an die andere Expertengruppe können schon vorher eingereicht werden, wie bei einer *Experten-Hotline*: Bevor die Sub-Teams sich auf ihr Thema spezialisieren, formulieren Sie all das, was sie über die Fachgebiete der anderen Experten-Teams wissen wollen. Damit wird die Vorbereitung aller Sub-Teams auf die Bedürfnisse der Lerngruppen fokussiert.

Argumente und Fragen für Diskussionen vorbereiten

Rollenspiel und Diskussion erfolgreich leiten

Die Lernenden langsam an Rollenspiele heranführen ...
* Rollen vergeben, ohne von Rollenspiel zu sprechen
* Rollenspiele besser in Dreier-Gruppen statt im Plenum
* Vorerst auf die Kamera verzichten
* Eher kürzere Sequenzen spielen lassen (drei bis fünf Minuten)

Die Rollenspieler mit Spielanleitungen schützen ...
* Häufige Time-outs (Stopps) zum Beraten der Spieler
* Mehrmaliger Austausch der Spieler oder Rollen
* Unterbrechung zur Selbstreflexion der Spieler

- Spieler auf das Rollenspiel vorbereiten lassen
- Spieler warten auf Regieanweisung aus dem Publikum
- Spieler erhalten eine Rolle in der Rolle
- Statt ein Rückwarts-, ein Vorwärts-Rollenspiel spielen
- Video-Analyse besser im Einzelgespräch
- Selbstkritik vor konstruktivem Feedback aus der Gruppe

Rollenspiel als Gruppendiskussion organisieren ...
- Pro- und Contra-Diskussionsrunde
- Podiumsdiskussion mit Lauscher an der Wand
- Die griechische Tragödie (Diskussion mit Supervision)
- Visualisierung der Argumente (Expertiseblätter)
- Vorbereitung der Diskussion mit der Experten-Hotline

7.3 Das Direct Teaching bereichern

Nicht jeder Lerninhalt kann von den Teilnehmern in einer Kleingruppenarbeit selbst erschlossen oder in einem Rollenspiel bzw. einer Diskussion vertieft werden. Obwohl die *darbietenden Lehrmethoden* aus der Sicht der Lerntransfer-Forscher höchst problematisch sind, werden sie dennoch häufig verwendet. Es geht auch nicht darum, das Direct Teaching abzuschaffen, sondern es so zu gestalten, dass der Lerntransfer dennoch gesichert wird. Denn Direct Teaching ist nicht gleich Direct Teaching! Ein relativ gutes Gewissen können Sie dabei haben, wenn Sie
- die Inhalte lerntypengerecht darbieten (Kapitel 2),
- sich gut auf die Zielgruppe vorbereiten (Kapitel 3),
- einen motivierenden Einstieg finden (Kapitel 4),
- die Lerngruppe gut integrieren (Kapitel 5)
- und die Medien aktivierend nutzen (Kapitel 6).

Außerdem ist es ja denkbar, dass Sie Ihren Vortrag mit transferorientierten Lehrmethoden anreichern – Ihre Ein-Mann-Show zumindest hin und wieder in Minisequenzen mit Kleingruppenarbeiten, Rollenspielen oder Diskussionen unterbrechen.

Ein großes Problem bei allen Formen des Direct Teaching ist die niedrige Behaltensquote der Lerner. Das Behalten des Gelernten ist jedoch die Grundvoraussetzung für den Lerntransfer. All das, was wir vergessen haben, können wir später ganz sicher nicht anwenden. Für unsere Gedächtnisleistung hat die *Wiederholung* eine enorm hohe Bedeutung. Wie Ebbinghaus bereits 1885 nachwies, ist die Vergessensrate unmittelbar nach dem Erlernen am Größten und nimmt mit der Zeit langsam ab. Im Durchschnitt vergessen wir im Direct Teaching bereits

- nach einer Stunde 50 Prozent des Gelernten,
- innerhalb von 9 Stunden 60 Prozent und
- innerhalb von einem Monat 80 Prozent.

Hoher Bedarf an Wiederholungen im Direct Teaching

Erst zwischen drei und zehn Wiederholungen geht eine präsentierte Information ins Langzeitgedächtnis. Bei kooperativen, selbstgesteuerten Lehrmethoden reicht in der Regel eine Wiederholung. Nur im Langzeitgedächtnis ist das Wissen so abgelegt, dass es mit hoher Wahrscheinlichkeit bei Bedarf wieder abgerufen werden kann. Den hohen Bedarf an Wiederholungen im Direct Teaching können Sie reduzieren, zum einen, wenn Sie den Checklisten der vorhergehenden Kapitel folgen, zum anderen wenn Sie die Wiederholungsphasen interessant gestalten und gut platzieren. Den größten Effekt erzielt eine Wiederholung unmittelbar nach der Wissensvermittlung.

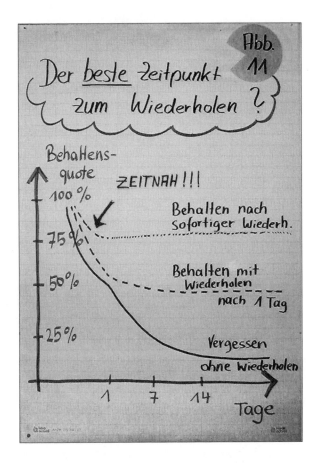

Zeitnahe Wiederholungen erzielen den größten Effekt

Also am Ende einer Präsentation ein *Fazit* zu ziehen, ist das Mindeste, was Sie als Dozent Ihren Lernenden schulden. Effektiv und trotzdem unkompliziert als Wiederholung ist das nochmalige gemeinsame Durchblättern der Flipcharts, Folien oder Pinnwand-Seiten – die Lernenden sind am Ende eines Seminars oft überrascht, wie viel gemeinsam erarbeitet wurde. Alternativ: Sie teilen Buntstifte oder Textmarker aus und gehen die ⇨ Teilnehmer-Unterlagen mit der Gruppe durch. Nur einen Blick auf jede Seite werfen und etwas Wichtiges unterstreichen. Das erleichtert die spätere Nutzung des *Hand-outs* als Ratgeber für die Praxis.

Zurückblättern als einfache Wiederholung

Teilnehmer-Skripte und ⇨ Fotoprotokolle sollten so gestaltet sein, dass sie für sich sprechen und nach einem Jahr immer noch von den Teilnehmern verstanden werden. Die Unterlagen sollen eine verlässliche Brücke schlagen zwischen Seminar und Arbeitsalltag. Das setzt voraus, dass während der Wissensvermittlung so intensiv mit dem Skript gearbeitet wurde, dass die Lernenden darin zu Hause sind und wissen, wo was steht.

Nicht nur im Anschluss an ein Direct Teaching ist eine gründliche Wiederholung angebracht, sondern prinzipiell für jede mehrstündige Trainingssequenz. Bei mehrtägigen Veranstaltungen sollte sogar jeder Tag mit einer Wiederholung begonnen und abgeschlossen werden.

Lerntage mit Wiederholen beginnen und enden

Am intensivsten kann mit den transferorientierten Lehrmethoden Kleingruppenarbeit, Rollenspiel und Diskussion wiederholt werden – wie zum Beispiel
- mit dem ⇨ Gruppen-Puzzle,
- mit einem in der Gruppe entwickelten ⇨ Lernplakat,
- mit einer Zuruf-Frage oder Kartenabfrage im Plenum,
- mit einer ⇨ Podiums-Diskussion mit Lauschern,
- mit ⇨ Partner-Interviews,
- oder mit einem ⇨ Vorwärts-Rollenspiel, bei dem das neu Gelernte bereits angewendet wird.

All diese Wiederholungsarten in der Gruppe sind zwar hoch effektiv, aber relativ zeitaufwändig. Wenn es einmal schneller gehen soll, dann kommt die Sternstunde der *Einzelarbeiten* als Lehrmethode. In einer Einzelarbeit kommen die Teilnehmer zur Ruhe. Bedenken Sie, dass Lernende zwischendurch stille Phasen brauchen, um zu verarbeiten, die Inhalte kritisch zu überdenken oder sich selbst zu reflektieren. Lassen Sie die Teilnehmer ein persönliches Lerntagebuch führen, in dem sie ihre Einsichten und Erkenntnisse am Ende jeder Lernsequenz festhalten. Auch ein schriftlicher ⇨ Selbst-Test mit der Abfrage von Faktenwissen sowie Verständnis-, Bewertungs- und Transfer-Fragen kommt als schnelle, effiziente Wiederholung für die Einzelarbeit in Frage.

Die Einzelarbeit für den persönlichen Lerntransfer

Die Einzelarbeit eignet sich nicht nur zum Wiederholen, sondern auch zur Sicherung des persönlichen Lerntransfers. Erwachsene Lernende schätzen am Ende einer Lernsequenz

* *den Brief aus der Zukunft an sich selbst:* Die Teilnehmer schreiben sich selbst einen Brief und berichten über all das, was sie bei der Anwendung des Gelernten innerhalb des nächsten Jahres erleben werden. Der Trainer schickt den Brief nach einem Jahr an die Teilnehmer zurück.
* *den Aktivitätenplan als Rezeptverschreibung:* So wie ein Arzt zum Beispiel Massagen verordnet gegen Rückenschmerzen, verordnen sich die Teilnehmer selbst Übungen und Maßnahmen zur weiteren Entwicklung der neuen Fähigkeiten. Der «Patient» sagt, was ihn im Alltag vom Lerntransfer abhalten könnte, und der «Arzt» verschreibt ein Gegenmittel.
* *den Vertrag mit sich selbst:* Die Lernenden setzen sich selbst Ziele, bis wann sie was umsetzen. Dann unterschreiben sie ihre Selbstverpflichtung. Eine Kopie geht an einen

frei gewählten Lernpartner, der zu einem Termin wie ein Notar die Einhaltung überprüft.

Die Anwendung des Gelernten wird sicherer, wenn die Teilnehmer den Transfer bereits konkret beschreiben, schriftlich festhalten und einen Termin zur Überprüfung festsetzen. Dieser gedankliche *Schritt in die Zukunft* wirkt wahre Wunder.

Mentaler Schritt in die Zukunft sichert den Transfer

Mit folgenden Fragen ziehen Sie Ihre Seminarteilnehmer gedanklich in eine Erfolg versprechende Zukunft:
*   Woran würdest du in deinem Beruf merken, dass sich dieses Seminar für dich gelohnt hat?
*   Woran merken deine Kunden, dass du hier in diesem Seminar «Beschwerde-Management» warst?
*   Was erzählst du deinen Kollegen und deinem Chef am Montag über dieses Seminar?
*   Wenn du dich in einem Jahr an dieses Seminar erinnerst, was soll dir dann auf jeden Fall einfallen?

Welches Feedback möchtest du in einem Jahr von deinen Teilnehmern/Mitarbeitern bekommen?

Mit Fragen in eine erfolgreiche Zukunft lenken

Der Lerntransfer kann auch mit einer ⇨ Metapher verankert werden. Lassen Sie die einzelnen Teilnehmer auf ihre Transferziele real zugehen unter tosendem Applaus der anderen Teilnehmer. Alternativ: Sie reichen eine Wahrsagerkugel durch die Reihen mit der Frage: Was bringt dir deine Zukunft? Jeder Teilnehmer beschreibt dann in den rosigsten Farben seine gewünschten Erfolge.

Dazu ein kreatives Beispiel für eine Transfer-Collage

Jeder Teilnehmer bekommt eine große Pinnwand-Seite und malt in die Mitte eine Insel mit einer Palme, die Kokosnüsse trägt. Die Insel steht als Metapher für den Lerner, die Kokosnüsse für seine Ziele. Um das Festland herum ist das große Meer der Möglichkeiten. Nun beginnt die Selbstreflexion mit den folgenden Fragen:

1. Auf welche meiner Fähigkeiten kann ich mich immer verlassen? Welche Ressourcen geben mir Boden und Sicherheit? Die Antworten werden auf die stabile Inselmitte geschrieben.
2. Welche meiner (neuen) Fähigkeiten möchte ich in den nächsten Wochen festigen? Diese Antworten werden um die Insel herum geschrieben und symbolisieren das Schwemmland, das irgendwann zu Festland wird.
3. Welche neuen Fähigkeiten möchte ich im nächsten Jahr entwickeln? Die Antworten werden als neue Inseln inmitten des Meeres gezeichnet.
4. Was muss mein Schiff geladen haben, damit ich zu diesen neuen Inseln gelange? Es wird ein Schiff gezeichnet und darauf der Aktivitätenplan geladen.
5. Was könnte mich in meiner Entwicklung behindern? Auf welche Haie muss ich aufpassen? Es werden Fische ins Meer gezeichnet und darauf die Antworten geschrieben. Die Lernenden nehmen das fertige Bild mit heim.

Mit Metaphern den Lerntransfer in der Tiefe festigen

Solche *Metaphern* wirken im Unterbewusstsein, denn wie bereits Aristoteles feststellte, denkt die Seele in Bildern. Die Lernchance liegt darin, dass unser Gehirn keinen Unterschied macht, zwischen einer echten Erfahrung und einer nur vorgestellten – wenn Sie zum Beispiel an eine aufgeschnittene Zitrone denken, läuft Ihnen wie bei einer realen Wahrnehmung das Wasser im Mund zusammen. Die Forschung belegte, dass wir sogar reale Fähigkeiten durch mentale Trockenübungen erwerben können (vgl. M. Dollinger, 1999). Und wenn die Teilnehmer sich das Erreichen ihrer Ziele schon mal vorstellen können, werden sie mit hoher Wahrscheinlichkeit den Weg dorthin finden!

Nach dem Direct Teaching zum Lerntransfer

Direct Teaching braucht zeitnahe Wiederholungen ...
* Ein Fazit am Ende einzelner Lernsequenzen ziehen
* Gemeinsames Durchblättern der Flipcharts und Folien
* Gemeinsames Durchblättern des Hand-outs mit Marker
* Fotoprotokoll zeitnah an die Lernenden versenden (1 Woche)

Wiederholen mit transferorientierten Methoden ...
* Wiederholen mit dem Gruppen-Puzzle
* Wiederholen mit der Podiumsdiskussion
* In der Gruppe Lernplakat oder Expertiseblatt erarbeiten
* Als Summary die Zuruf- oder Kartenabfrage im Plenum
* Partner-Interviews «Was hast du behalten?»
* Zum Wiederholen ein Vorwärts-Rollenspiel

Den Transfer sichern mit Einzelarbeiten ...
* Wiederholen durch Führen eines Lerntagebuchs
* Wiederholen mit einem schriftlichen Selbst-Test
* Der Brief aus der Zukunft an sich selbst
* Der Aktivitätenplan als Rezeptverschreibung
* Der Vertrag mit sich selbst (Lernpartnerschaften)
* Mentaler Schritt in die Zukunft (Trockenübung)
* Mit Metaphern den Lerntransfer in der Tiefe festigen

8. Das Allerwichtigste zum Schluss

Der fliegende Frosch:
Wenn einer, der mit Mühe kaum,
gekrochen ist auf einen Baum,
schon meint, dass er ein Vogel wär,
so irrt sich der.

WILHELM BUSCH

Herzlich willkommen im letzten Kapitel! Auch wenn Sie all die Inhalte der vorherigen Abschnitte bereits integriert haben, möchte ich Sie nun um etwas bitten:

Bleiben Sie wachsam und wissensdurstig, selbst wenn Sie stets positives Feedback von Ihren Lerngruppen erhalten! Die Entwicklung geht weiter, und wer aufhört, sich anzustrengen besser zu werden, hört ganz schnell auf, gut zu sein. Unsere Teilnehmer haben es verdient, dass wir Wissensvermittler auf dem neuesten Stand sind und trotzdem weiterhin an uns selbst arbeiten!

Was folgt jetzt? Im Abschnitt 8.1. eine *Kurzzusammenfassung* für den schnellen Leser. Zwei Check-Listen werden Sie bei der zukünftigen Planung einer Lernsequenz an die wesentlichen Inhalte des Buches erinnern.

Danach in 8.2. gibt es einen Ausblick auf die Entwicklung von *E-Learning*-Programmen. Und im allerletzten Abschnitt 8.3. wartet ein Selbst-Test auf Sie, womit Sie feststellen können, was Sie mit und aus diesem Buch tatsächlich gelernt haben.

8.1 Mit Speed eine Lernsequenz planen

Was ist eigentlich der Unterschied zwischen einer klassischen Präsentation und einer professionellen Lernsequenz? Auf den ersten Blick scheinen die Unterschiede nicht sehr groß zu sein, denn beide Formen der Wissensvermittlung
* benötigen Medien, um zu visualisieren,
* nutzen die Striptease-Technik für die Spannung,
* müssen alle drei Lerntypen erreichen (⇨ VAK),
* brauchen einen motivierenden Einstieg (⇨ 4-mat),
* sollen die rechte und linke Gehirnhälfte aktivieren,
* brauchen ein gezieltes Pausenmanagement,
* werden bereichert durch Wachmacher und
* beziehen die Zuhörer mit ein durch Kartenabfragen, Blitzlicht- oder Zuruf-Fragen.

Dennoch gibt es zwei gravierende Unterschiede zwischen einer normalen Präsentation und einer professionellen Wissensvermittlung:
* Das Definieren von *Lernzielen* im Vorfeld und die verbindliche *Erfolgskontrolle* danach ist bei normalen Präsentationen nicht üblich. Präsentiert wird «nur», um zu informieren, ein bestimmtes Interesse zu wecken oder zu unterhalten. Mehrere Wiederholungsphasen sind bei einer professionellen Wissensvermittlung unverzichtbar, um den Lernerfolg zu sichern – während sie bei Präsentationen aus Zeitgründen häufig vernachlässigt werden.
* Der Focus liegt bei der Wissensvermittlung in erster Linie auf dem *Lerntransfer*. Das bedeutet, dass hier auch verstärkt die Lehrmethoden eingesetzt werden müssen, die nachweislich den Transfer begünstigen – wie zum Beispiel das Wissen erschließen und vermitteln in Kleingruppen, Übungen in Rollenspielen oder Dis-

kussionsrunden. Die Anwendung des Gelernten in der Praxis wird dann gesichert, wenn das Wissen aktiv und selbstgesteuert, im und durch den sozialen Austausch und an komplexen, realitätsnahen Aufgaben erworben wurde.

Und deshalb muss Ihnen klar sein, dass die professionelle Wissensvermittlung mehr Zeit benötigt als die bloße Darbietung von Informationen in einer Präsentation!

Eine professionelle Lernsequenz planen (A)

⇨ Lernziele definieren	⇨ Lerntransfer sichern
Inhalte?	*Methoden zum Transfer?*
aus Zielgruppen-Analyse	Kleingruppenarbeit
nach der Auftragsklärung	Reciprocal Teaching
nach Ökologie-Check	Rollenspiele
eigene Trainerideen	Diskussionsgruppen
Kompetenz-Level?	*Der Erwerb von Wissen?*
I: Wissen im engen Sinne	Lernen im sozialen Austausch
II: Verstehen und Können	Aktiv und selbstgesteuert
III: Wollen (Überzeugung)	An realitätsnahen Aufgaben
IV: Transfer und Innovation	
	Wiederholen – wann, wie?
Prioritäten?	Fazit (Sum up)
Muss-Ziele	Durchblättern
Soll-Ziele	Pre-Teaching, Follow-up
Kann-Ziele	Gruppen-Puzzle
Podiumsdiskussion	
Rahmen?	Lernplakat
Lernzeiten (absolut)	Zuruf-/Kartenabfrage
Lerngruppengröße	Partner-Interviews

Lernort und Material	Lerntagebuch
Lernorganisation	
	Schritt in die Zukunft?
Messbarkeit?	Vorwärts-Rollenspiel
Wissens-Check	Brief aus der Zukunft
Verständnisfragen	Rezeptverschreibung
Bewertungsfragen	Vertrag mit sich
Transferfragen	Lernpartnerschaften
	Erfahrungsaustausch
Termin Erfolgskontrolle?	Mentale Trockenübung
	Metaphern

Eine professionelle Lernsequenz planen (B)

Lernen erleichtern	Medienwahl	Methodenwahl
Einstieg mit 4-mat?	*Neue Medien?*	Direct Teaching
Why?	Interaktive CD	
What if?	E-learning	Karten-Abfrage
What?	Beamer	Zuruf-Frage
How to?		Blitzlicht
	Klassische Medien?	
Lerntypen-gerecht?	Pinnwand	Stimmungsbild
Visuell	Flipchart	Meinungsmarkt
Auditiv	Overhead	
Kinästhetisch		Einzelarbeit
	TN-Aktivierung?	Partnerinterview
Gehirnhälften?	Striptease	ABC-Gruppen
Wort und Bild		Gruppenarbeit
Überblick/Details	*Hand-out?*	Rollenspiel
Fakten/Bewertung	Zur Vorbereitung	Diskussion
Geschichten	Als Arbeitsbuch	
Sags positiv!	Als Fotoprotokoll	Spiele

Struktur mit Zahlen	Als Handbuch	Fallbeispiele
	Als Leitfaden	Experimente
Konzentration?		Real-Life-Jobs
Abwechslung		Selbsterfahrung
Pausen		
Wachmacher		

8.2 E-Learning-Programme entwickeln

Der Computer als Wissensvermittler wird mittlerweile bereits von vielen Firmen genutzt – mit wachsender Begeisterung. E-Learning wird vor allem zur Vermittlung von Faktenwissen (Lern-Level I) oder zur Weitergabe von umfassenden Hintergrundinformationen verwendet (Lern-Level II). Beispiele sind Produktschulungen, Sprachkurse, EDV-Schulungen und Qualitätssicherungssysteme.

E-Learning für Lernziele auf Level I und II

Für diese ⇨ Kompetenz-Level scheinen die neuen Medien auch gut geeignet zu sein. Zu ihren Vorzügen zählen:
- Der einzelne Lernende kann am Arbeitsplatz direkt auf die Lerninhalte zugreifen;
- jeder kann dann lernen, wenn es betriebliche Abläufe am besten zulassen;
- jeder kann so lange bei einem Thema bleiben, wie er Lust dazu hat;
- jeder kann in seiner eigenen Geschwindigkeit lernen und so oft wiederholen, wie er es braucht;
- wenn aus aktuellem Anlass Fragen auftauchen, kann sich jeder damit sofort an das Lernprogramm wenden und braucht nicht zu warten, bis das nächste Seminar angeboten wird.

Darüber hinaus haben Computer-Lern-Programme im Gegensatz zu menschlichen «Unterweisern» keine guten und keine schlechten Tage, sondern immer denselben Qualitätsstandard. Top-Manager favorisieren E-Learning auch wegen der nicht unerheblichen Einsparung der Reisekosten für die Zielgruppen.

E-Learning ist ein effizientes Lernangebot

Doch bei all der Euphorie darf nicht vergessen werden, dass bei Verständnisproblemen der Computer nicht individuell weiterhelfen kann. Außerdem sind die drei Hauptkriterien, die den Lerntransfer begünstigen, im E-Learning nicht alle zu erfüllen:

Die Anwender können zwar aktiv und selbstgesteuert (1) an realitätsnahen Simulationen (2) lernen – doch das Lernen im und durch den sozialen Austausch (3) fehlt. Das aber ist deshalb so bedeutend, da verschiedene Köpfe auch unterschiedliche Ideen, Einsichten und Perspektiven entwickeln. Davon profitieren alle, die «guten» Lerner wie die «schlechten» gleichermaßen.

E-Learning braucht den realen sozialen Austausch

Ein neuer Ansatz des E-Learning, genannt *Blended Learning*, versucht deshalb, das computer-basierte Lernen mit dem Lernen von und mit Menschen zu verknüpfen. Dazu gibt es mehrere Alternativen:

* Die Lernenden nutzen das E-Learning, um sich auf traditionelle Seminar-Einheiten vorzubereiten, im Sinne eines Pre-Teachings.
* Es gibt zum E-Learning eine Hotline, bei der die Anwender jederzeit anrufen können, um sich von einen Trainer aus Fleisch und Blut beraten zu lassen.

- Alle Lernenden nutzen einen gemeinsamen Chat-Room oder eine Videokonferenz, um sich auszutauschen über Erfahrungen, Einsichten und offene Fragen.

In der Tat, wenn der Computer den Trainer unterstützt und umgekehrt, entsteht ein höchst effizienter, effektiver und transfersichernder Lernprozess.

Bei der Entwicklung von E-Learning-Programmen können Sie viele der Tipps aus den vergangenen Kapiteln direkt oder geringfügig angepasst übernehmen, wie zum Beispiel zum Thema Lernen erleichtern:

- den ⇨ Visuellen erfreuen Sie mit realen Bildern, bildhaften Ausdrücken und integrierten Videofilmen,
- den ⇨ Auditiven können Sie mit Fragen direkt ansprechen und zum Antworten einladen,
- und den ⇨ Kinästheten erreichen Sie mit vielen Möglichkeiten zum Anklicken und der Organsprache.

Traditionelle Tipps sind auf E-Learning übertragbar

Die rechte ⇨ Gehirnhälfte schätzt Verknüpfungen von Wort und Bild sowie ein Lauflicht (Orientierungsleiste), bei der stets der Überblick bzw. die Gliederung erkennbar ist.

Die linke Gehirnhälfte steht auf eine klare logische Struktur und Zahlen bzw. Symbolen als Lese-Orientierung.

Überfrachten Sie die einzelnen Seiten nicht mit Informationen oder zu viel Fließtext. Bei der Gestaltung der einzelnen Seiten gelten im Grunde die selben Richtlinien wie für eine Beamer-Präsentation.

Aus dem Zehn-Minuten-Limit für Referentenmonologe wird die Obergrenze für die Dauer einer E-Learning-Einheit abgeleitet. Die Anforderungen an ein effektives Pausenmanagement sind bei zehnminütigen Lernsequenzen mehr als erfüllt. Idealerweise eröffnet ein E-Learning-Modul mit einer Anleitung für einen Wachmacher. Das erhöht die grundsätzliche Aufnahmefähigkeit des jeweiligen Anwenders.

Zehn-Minuten-Limit für E-Learning-Module

Wiederholungsschleifen und ein Selbst-Test als Lernerfolgskontrolle sollten in jedem Lernprogramm vorhanden sein. Um den Transfer zu sichern, können die Lernprogramme die Anwender auch abschließend mit realen Aufgaben aus ihrem Alltag konfrontieren.

Das ⇨ 4-mat-System eignet sich dazu, die Lernziele einer E-Learning-Einheit anzukündigen und dem Anwender schmackhaft zu machen. ⇨ Lernziele zu definieren auf der Basis einer gründlichen ⇨ Zielgruppen-Analyse und ⇨ Auftragsklärung ist für die Entwicklung von virtuellen Lernsequenzen fast noch wichtiger als für traditionelle. Wenn Sie als Trainer im Kurs bemerken, dass Sie mit Ihren Vorbereitungen den Bedarf der Zielgruppe nicht getroffen haben, können Sie jederzeit gegensteuern und Ihr Angebot revidieren. Das kann ein Computer-Lernprogramm nicht. Es erfüllt die Erwartungen oder eben nicht – außer es wird neu programmiert.

Auch virtuelle Trainer brauchen Feedback

Der reale Trainer wird sicher nie von den neuen Medien ersetzt. Denn die Fähigkeit des Menschen, aus komplexen Situationen in Bruchteilen von Sekunden zu lernen und flexibel zu reagieren, wird von der künstlichen Intelligenz noch nicht erreicht. Außerdem können nur Menschen andere Menschen aufbauen, sie daran hindern aufzugeben oder sie trösten. Dem virtuellen Unterweiser fehlt jegliches Einfühlungsvermögen und die menschliche Wärme.

Bei der Wissensvermittlung auf Kompetenz-Level I und II fällt das vielleicht nicht so ins Gewicht – dafür aber umso mehr bei Lernzielen, die Überzeugungen und Werte verändern wollen (Kompetenz-Level III). Den virtuellen Aussagen fehlt die Glaubwürdigkeit, denn der Programmierbarkeit sind ja keine moralischen Grenzen gesetzt. Es macht einen großen Unterschied in der Überzeugungskraft, ob ein realer Mensch sagt, er stehe voll und ganz hinter einer Sache, oder eine Maschine.

Auch ein echtes Lob oder ein Feedback mit menschlicher Wärme lässt sich nicht vom Bildschirm holen. Was ist schon ein Computer-Smiley, der jedes Mal auftaucht, wenn der Anwender etwas richtig macht, gegen ein paar wertschätzende Worte eines Mitmenschen?

8.3 Die Lernerfolge messen

Unabhängig davon, ob Sie ein Seminar, ein E-Learning Programm oder ein Selbstlernbuch beenden, irgendwann stellt sich die Frage nach dem Lernerfolg. Dann lohnt sich der Blick zurück auf die ⇨ Lernziele und darauf, welchen ⇨ Kompetenz-Level Sie erreichen wollten:

* Faktenwissen und einfache Anwendungen (Level I),
* Verständnis und Anwendungskompetenz (Level II),
* Überzeugungen und Werte (Level III),
* Lerntransfer und Innovation (Level IV).

Auf jedem Kompetenz-Level braucht es eine andere Nachweisführung. Auf dem Level I geht es um die pure *Abfrage* von theoretischem Wissen oder die Wiederholung einfachster Anwendungen. Auf dem Level II stellen Sie *Verständnis-*

fragen, die Erfahrung im Thema und ein tieferes Erkennen der Zusammenhänge voraussetzen. Außerdem eignen sich Prüfungsaufgaben, die den Lernenden zur Anwendung einladen. Wollen Sie beim schriftlichen Testverfahren bleiben, können Sie nach anspruchsvollen Anwendungstipps fragen.

Je höher der Kompetenz-Level, desto schwieriger wird der Erfolgsnachweis. Eine Veränderung der Überzeugungen, Einstellungen oder Werte ist nicht so einfach nachprüfbar. In einem schriftlichen Test werden auf dem Kompetenz-Level III *Bewertungsfragen* benutzt.

Der Lerntransfer und die Fähigkeit zur Innovation zeigen sich nur in der beruflichen Praxis oder im realen Leben. In schriftlichen Tests können Sie zwar Transfer-Fragen stellen, die den Lernenden mit neuen unbekannten Anwendungsfeldern konfrontieren – doch die Realität sieht dann doch immer wieder anders aus.

So, nun sind Sie am Ende dieses Selbstlernbuches angelangt, und wenn Sie Ihren persönlichen Lernerfolg überprüfen möchten, dann legen Sie los. Der folgende Selbst-Test enthält die wichtigsten Fragen, die in den einzelnen Kapiteln beantwortet wurden.

Viel Spaß beim Ausfüllen! Spicken, im Sinne des Zurück-Blätterns zu den vorhergehenden Kapiteln, ist ausdrücklich erwünscht! Oder Sie gehen auf die Homepage www.wmt-dollinger.de und laden die Antworten herunter.

Der Selbst-Test zu diesem Buch

Kapitel 1 «Das Wichtigste am Anfang», Seite 7 ff.

1.   Wie ist Wissen in der modernen Pädagogik definiert?

_____

_____

2.   Was ist das wichtigste Ziel in jeder Wissensvermittlung?

_____

_____

3.   Nennen Sie die drei Geheimnisse erfolgreicher Dozenten?

_____

_____

_____

Kapitel 2 «Das Lernen erleichtern», Seite 19 ff.

4.   Welche Lerntypen gibt es und wie bedienen Sie diese bei der Wissensvermittlung?

_____

_____

_____

_____

5.   Wenden Sie die Organsprache an und übersetzen Sie den folgenden visuellen Satz in einen auditiven und einen kinästhetischen: «Da blicke ich nicht durch»!

Auditiv: _____

Kinästhetisch: _____

6. Nennen Sie drei konkrete Alltagssituationen, in denen Sie die Organsprache nützlich einsetzen können!

_____

_____

_____

7. Wodurch unterscheiden sich die rechte und linke Gehirnhemisphäre? Nennen Sie zwei Aspekte!

_____

_____

8. Wie heißen die vier Fragen im Kopf, die zum Lernen bzw. Zuhören motivieren, nach dem 4-mat-System?

_____

_____

9. Was ist ein effektives Pausen-Management?

_____

_____

Kapitel 3 «Die notwendige Vorbereitung», Seite 50 ff.

10. Wie bewerten Sie die Notwendigkeit eines Zielgruppen-Kontaktes vor der Entwicklung einer Lernsequenz?

_____

_____

11. Wie stellen Sie den Lernbedarf fest?

_____

_____

12. Welche Lernziele beinhalten die vier verschiedenen Kompetenz-Level?

_____

_____

13. Was ist der Unterschied zwischen einem Muss- und einem Soll-Lernziel? Welches hat Priorität 1?

_____

_____

_____

Kapitel 4 «Der motivierende Einstieg», Seite 77 ff.

14. Wie führen Sie in einem Seminar die Lerntypen ein? Schreiben Sie einen motivierenden Einstieg nach dem 4-mat-System!

_____

_____

_____

_____

15. Was beinhaltet die WHID-Frage?

_____

16. Welche drei Bestandteile sollte ein motivierender Einstieg enthalten? Wie lange darf die Einführung dauern?

_____

_____

_____

Kapitel 5 «Das nützliche Kennenlernen», Seite 100 ff.

17. Wie heißt die lösungsorientierte Wunderfrage? Und wann eröffnen Sie mit ihr ein Seminar/einen Workshop?

_____

_____

_____

18. Was ist der Unterschied, wenn Sie die Lernenden nach ihren Zielen anstatt nach ihren Wünschen oder Erwartungen fragen?

_____

_____

_____

19. Mit welchen Fragen kann man in der Vorstellungsrunde bereits eine gute Stimmung erzeugen? 3 Beispiele!

_____

_____

_____

20. Beschreiben Sie kurz das Schneeball-System als Übung zum Kennenlernen!

_____

_____

_____

Kapitel 6 «Der aktivierende Medien-Mix», Seite 127 ff.

21. Beschreiben Sie die Striptease-Technik an Pinnwand, Flipchart und Beamer!

_____

_____

22. Ein Kollege von Ihnen präsentiert zum ersten Mal. Welche fünf wertvollen Tipps könnten Sie ihm in Bezug auf den Einsatz von Medien geben, damit seine Präsentation lebendig und aktivierend wird?

_____

_____

_____

_____

_____

23. Was ist der Unterschied zwischen einer Zuruf-Frage und einer Kartenabfrage? Welche Medien können dabei benutzt werden?

_____

_____

_____

Kapitel 7 «Die Methoden zum Lerntransfer», Seite 156 ff.

24. Wie muss Wissen erworben werden, damit der Lerntransfer gesichert wird? Nennen Sie die drei Anforderungen für eine erfolgreiche Wissensvermittlung!

_____

_____

_____

25. Welche Lehrmethoden eignen sich zur Lerntransfer-Sicherung?

_____

_____

_____

26. Was ist Reciprocal Teaching?

_____

27. Wie können Sie die Spieler in einem Rollenspiel davor schützen «zu versagen»? Nennen Sie drei Beispiele!

_____

_____

_____

28. Beschreiben Sie drei Möglichkeiten, um zu wiederholen!

_____

_____

_____

29. Wann ist der beste Zeitpunkt, um zu wiederholen?

_____

_____

Kapitel 8 «Das Allerwichtigste zum Schluss», Seite 191 ff.

30. Wie können die Inhalte dieses Buches für die Entwicklung und Gestaltung von E-Learning Programmen angewendet werden?

_____

_____

_____

_____

_____

Anhang

Glossar

ABC-Gruppen _____

Typische Konstellation für Rollenspiele. A und B spielen das Rollenspiel und C ist der Beobachter. Das Ganze wird dreimal wiederholt, bis jeder C war.

Aktiv und selbstgesteuertes Lernen _____

Aktiv und selbstgesteuert soll der Lernprozess sein, um den Lerntransfer zu sichern. Das verlangt nach Methoden, wie die Kleingruppenarbeit, das Rollenspiel oder die Diskussionsrunde.

Aktiver Teilnehmer-Einbezug _____

Das Direct Teaching braucht Phasen des aktiven Teilnehmer-Einbezugs, um den Lerntransfer zu sichern.

Animieren _____

Bei Beamer-Präsentationen gibt es die Möglichkeit, dass der Text und die Darstellungen nach und nach erscheinen. Das erhöht die Spannung.

Auftrags-Klärung _____

Vier Parteien beeinflussen den Lernprozess: die Interessen der Lernenden, die der Auftraggeber, die Umwelt der Lernenden und der Anspruch des Dozenten.

Austausch _____

Lernen im und durch den sozialen Austausch ist eines der wichtigsten Voraussetzungen für den Lerntransfer.

Blended Learning _____

Eine gemischte Wissensvermittlung: Es gibt Phasen, in denen der Lernende E-Learning-Programme absolviert, und Phasen mit realen Trainern.

Brain-Gym

Die Edu-Kinästhetik als angewandte Gehirnforschung entwickelte das Brain-Gym. Das Gehirn wird aktiviert, durch gezielte Körperbewegungen oder Berühren von Akkupressur-Punkten.

Coaching

Zielorientiertes Einzelberatungsgespräch.

Darbietende Lehrmethoden

Vorlesung, Präsentation, Vortrag, Rede ...

Destruktive Gruppenspiele

In menschlichen Gruppen gibt es immer wieder Störungen, die durch Ich-bezogene Bedürfnisse Einzelner ausgelöst werden, zum Beispiel Machtbedürfnis, Drückebergerei usw.

Direct Teaching

Dazu zählen die darbietenden Lehrmethoden, zum Beispiel eine Vorlesung oder eine unidirektorale Präsentation.

Diskussionsrunden

In der Lerngruppe wird diskutiert, in der Regel mit verteilten Rollen «Pro und Contra». Durch die Diskussionen werden vor allem Meinungen gebildet.

Effektive Wissensvermittlung

Den Lernenden das «richtige» Wissen zu vermitteln.

Effizienz im Lernprozess

Den Lernenden so viel wie möglich, in möglichst kurzer Zeit zu vermitteln.

Einzelarbeiten

Der Lernende beschäftigt sich alleine mit einem Thema. Lernende schätzen das in Ruhe Nachdenken in der Einzelarbeit.

E-Learning D

Der PC ersetzt die Lehrkraft. Der Lernende arbeitet interaktiv und selbstgesteuert mit dem Lernprogramm.

Erstkontakt

Ein Seminar beginnt weit vor dem Seminar. Die Ausschreibung, Vorbereitung und der erste Sichtkontakt mit dem Dozenten prägen das Lernklima.

Eulen und Lerchen

Die Biorhythmus-Kurve ist bei einigen Menschen nach vorne oder nach hinten verschoben. Die Lerchen sind in der ersten Tageshälfte hoch aktiv, die Eulen in der zweiten.

Experten-Hotline

Als Vorbereitung einer Diskussion oder einer Gruppenarbei, bereiten die Lernenden der Gegengruppe Fragen zum Thema vor. Die Gruppe, die sich mit diesem Thema beschäftigt, orientiert sich bei der Wissenserschließung an den Fragen.

Expertise-Blatt

Eine Zusammenfassung der wichtigsten Ergebnisse einer Kleingruppenarbeit auf einer Seite (Din-A-4, Flipchart, Pinnwand).

Faciliator

Etwas, das den Lernprozess leichter macht, wie zum Beispiel Vertrauen zwischen Dozenten und Teilnehmern.

Fazit

Zusammenfassung der wichtigsten Inhalte, Meinungen, Erkenntnisse ...

Feedback

Feedback braucht einen positiven wertschätzenden Einstieg und Ausstieg. Die Kritik dazwischen soll konkret sein, lösungsorientiert zum Verhalten und nicht zur Person geäußert werden.

Flow

Im Lernstoff ganz aufgehen und gar nicht mehr merken, wie die Zeit vergeht.

Follow-up

Nach einer Lernsequenz kann der Lerntransfer gesichert werden, indem es eine Folgeveranstaltung gibt, bei dem die Anwendung des Gelernten überprüft wird.

Four-mat-system

Die Theorie von den vier Zuhörer-Motivationen: Why? What if? What? How to?

Ganzheitliches Lernen _____

Wenn der Lernprozess so gestaltet wird, dass alle Lerntypen und Gehirnhälften bedient werden.

Gäste _____

Wenn der Trainer sich selbst als Gastgeber und seine Teilnehmer als Gäste definiert, fördert das den Lernprozess optimal.

Gehirnhemisphäre _____

Die Theorie von den zwei Gehirnhälften, die Informationen verschieden verarbeiten.

Griechische Tragödie _____

Es gibt in der griechischen Tragödie eine Haupthandlung, die von den Göttern hin und wieder unterbrochen wird. Die Götter unterhalten sich über die Probleme der Menschen oder greifen gar ein, bevor das Spiel weitergeht. Beim antiken griechischen Theater traten die Schauspieler generell mit Masken auf.

Gruppengröße _____

Die Hand hat fünf Finger. Ideale Gruppengröße von zwei bis fünf Teilnehmern.

Gruppenklima _____

Die Art, wie die Lernenden miteinander und voneinander lernen. Das Gruppenklima kann den Lernprozess fördern oder behindern.

Gruppen-Puzzle _____

Verschiedene Gruppen erarbeiten arbeitsteilig verschiedene Themen. Danach werden die Expertengruppen so auf neue Gruppen aufgeteilt, dass je Thema mindestens ein Experte vorhanden ist.

Gruppenspiegel _____

Durch eine Kartenabfrage oder eine Skalierungsfrage zeigt sich die Stimmung oder die Meinung einer Gruppe zu einem bestimmten Thema.

*Hand-out*_____

Die schriftlichen Unterlagen für die Lerner.

Heterogene Gruppe

Alle Mitglieder haben unterschiedliche Fähigkeiten. Die Gruppenarbeit lebt vom Austausch und der gegenseitigen Ergänzung.

Hilfsmittel

Hilfsmittel für den Lernprozess sind Medien, Literatur, Lehrfilme, E-Learning-Programme u. Ä.

Homogene Gruppe

Alle Gruppenmitglieder haben ähnliche Vorkenntnisse, Fähigkeiten, Interessen ...

Improvisationstheater

Die Bühnenstücke werden nicht geprobt, sondern die Zuschauer führen spontan die Regie und spielen mit.

Kartenabfrage

Die Leitfrage steht an der Pinnwand. Der Moderator teilt Pinnwandkarten und Stifte aus. Die Lernenden beschriften die Karten, anonym und in Einzelarbeit. Der Trainer sammelt ein, visualisiert die Karten an der Pinnwand und ordnet sie nach Absprache mit der Gruppe.

Kleingruppenarbeit

Von zwei bis fünf Lernenden wird Wissen in der Gruppe aktiv und selbstgesteuert erschlossen – im und durch den sozialen Austausch.

Kontinuität

Das Prinzip der Kontinuität gilt für Hand-outs, Folien, Pinnwände und Flipcharts. Lay-out, Schriftarten, die Überschriftenstruktur, das Format. Alles sollte eine einheitliche Form haben, so dass sich der Lernende nicht bei jeder Seite neu orientieren muss.

Konzentration

Die Konzentration ist die Eintrittskarte zum Gedächtnis. Die Motivation, etwas wirklich lernen zu wollen, ist die Basis.

Lauflicht oder Orientierungsleiste

Bei Folien oder Hand-outs eine Art Mini-Gliederung. Bei jeder Seite wird dann der Gliederungspunkt mit Farbe betont, zu dem diese Seite gehört.

Lauscher an der Wand _____

Bei einer Diskussion stehen hinter einer Pinnwand einzelne Teilnehmer, die ungesehen wichtige Punkte der Diskussion festhalten. Nach der Diskussion bekommt die Gruppe von den Lauschern eine Visualisierung präsentiert.

Lehrgespräch _____

In der Erwachsenenbildung eher unüblich. Der Dozent stellt eine Frage, für die es eindeutige Antworten gibt. Die Lernenden müssen so lange raten, bis sie die richtige Antwort treffen.

Lernen durch Lehren _____

Ein Versuch von Brown und Palincsar zeigte, dass Schüler mehr lernen, wenn sie das Wissen nicht vom Lehrer, sondern von anderen Schülern vermittelt bekommen. Der Versuch wurde unter dem Namen «Reciprocal Teaching» bekannt.

Lernmotivation _____

Die Lernmotivation kann gefördert werden durch einen Einstieg in das Thema nach dem 4-mat-System.

Lern-Organisation _____

Die Gestaltung der Lernzeiten. Im Sinne des Lerntransfers sind geteilte Lernsequenzen sinnvoll, zum Beispiel mit Pre-Teaching, Seminar und danach einem Follow-up-Tag.

Lernprozess _____

Es gibt Ergebnisziele und Prozessziele beim Lernen. Das Ergebnis einer Team-Entwicklung ist die gemeinsam vereinbarte Spielregel; der Prozess zielt auf eine neue Offenheit im Team.

Lernstrategien _____

Jeder Mensch lernt anders. Die individuell bevorzugte Vorgehensweise beim Lernen heißt Lernstrategie.

Lerntagebuch _____

Zur Lerntransfer-Sicherung kann ein Lerntagebuch dienen. Im Seminar trägt jeder Lernende nach jeder Lernsequenz seine persönlichen Einsichten ein.

Lerntransfer

Anwendung des Gelernten in der Praxis bei ähnlichen Aufgaben oder die Übertragung des Gelernten in andere Anwendungsfelder.

Lerntypen

Menschen nehmen nicht mit allen Sinnen gleich gut Informationen auf. Bei der Spezialisierung auf einen bestimmten Wahrnehmungskanal spricht man von Lerntypen.

Lernziele

Die Lernziele umfassen die Lerninhalte, die Prioritäten, den Kompetenzgrad innerhalb des gegebenen Rahmens.

Manipulative Fragen

Manipulative Fragen sind Fragen, die den Antwortenden in eine bestimmte Richtung drängen, zum Beispiel: «Was hast du gelernt in diesem Seminar?» Diese Frage unterstellt, dass etwas gelernt wurde.

Mediation

Die professionelle Arbeit eines Vermittlers im Konfliktfall.

Metaphern

Geschichten, bildhafte Vergleiche, Fabeln, die mit der Absicht erzählt werden, indirekt zu beraten, zu coachen oder Wissen zu verankern.

Mind-Map

Das Mind-Map ist eine gehirngerechte Art, Ideen oder Wissen auf Papier zu bekommen. In der Mitte steht die Hauptfrage, und die Antworten werden spontan angelegt.

Mnemotechniken

verknüpfen abstrakte Details mit Geschichten oder konkreten Bildern, um sie sich leichter zu merken.

Muss-Lernziele

sind wichtig für die Existenzsicherung und dringend, das heißt, die Lernenden sollten sich beeilen, das Lernziel zu erreichen.

Natürliche Intervallschwäche

Alle 15 bis 20 Minuten haben Lernende ein kurzes Leistungstief beim Lernen.

*Organsprache*_____

Je nach bevorzugtem Wahrnehmungsorgan beim Lernen werden bestimmte Ausdrücke gebraucht, zum Beispiel von Visuellen: ich blicke nicht durch; von Auditiven: ich verstehe nur Bahnhof; von Kinästheten: ich begreife das nicht.

*Pädagogische Kompetenz*_____

Die Fähigkeit, Wissen effektiv und effizient vermitteln und den Lern-Transfer zu sichern.

*Partner-Interviews*_____

werden häufig bei der Vorstellungsrunde verwendet. A interviewt B und dann umgekehrt. B stellt dann A vor und umgekehrt.

*Perspektivenwechsel*_____

Die Blickrichtung auf ein Problem ist meist eingeschränkt. Deshalb kann die Perspektive in den Dimensionen Zeit, Ort und Personen erweitert werden.

*Plenum*_____

Die gesamte Lerngruppe.

*Podiumsdiskussion*_____

Aus den Kleingruppenarbeiten werden Delegierte als Experten für ihr Thema auf ein Podium gesetzt. Die Experten diskutieren mit den anwesenden Gästen.

*Pre-Teaching*_____

Bereits im Vorfeld einer Trainingssequenz erhalten die Teilnehmer Informationen oder Aufgaben, um sich vorzubereiten.

*Problemzustand*_____

Der Zustand, in dem Lernende ihr Problem nur mit einer eingeschränkten Perspektive betrachten und keine Lösungsidee haben.

*Provokation*_____

Stilmittel der Kommunikation, aus der Provokativen Therapie abgeleitet. Der Lernende wird mit Hilfe abwegiger Thesen aus der Reserve gelockt.

*Rahmen (Frame)*_____

Der Rahmen beeinflusst den gesamten Lernprozess, wie zum

Beispiel die verfügbare Lernzeit, die Medien und Materialien, der Lernort und die Lernorganisation.

Realitätsnahe Aufgaben

Der Erwerb von Wissen an realitätsnahen Aufgaben erhöht die Chancen für den Lern-Transfer.

Real-Life-Aufgaben

Die Lernenden erhalten während oder nach der Lernsequenz eine Aufgabe aus ihrem ganz normalen Berufsalltag, wo sie bewusst das Gelernte anwenden.

Reciprocal Teaching

Lernen durch Lehren.

Ressourcevoller Zustand

Sind die Lernenden in einem Zustand, in dem sie Zugang zu all ihren Fähigkeiten und Ressourcen haben, erreichen sie im Lernprozess deutlich mehr.

Retro- und proaktive Lernhemmung

Durch zu lange Lernphasen wird die Aufnahme von neuem Wissen behindert (proaktiv) und das bereits Gelernte gelöscht (retro-).

Rollen in der Rolle

Wenn ein Rollenspieler den Chef spielt und der andere den Mitarbeiter, dann kann der Chef eine zusätzliche Regieanweisung bekommen, zum Beispiel in der ersten Runde einen direktiven Chef zu spielen und in der zweiten Runde einen kooperativen.

Rollenspiel

Das Rollenspiel gehört zu den kommunikativ akzentuierten Lehrmethoden und eignet sich zur Lerntransfer-Sicherung.

Schritt in die Zukunft

Zur Lerntransfer-Sicherung soll am Ende der Lernsequenz eine Trockenübung gemacht werden. Der Lernende sieht sich bereits in der Anwendung des Gelernten.

Scribbeln

Beim Erklären einen Stift und ein Blatt Papier zur Hand nehmen und mit Kritzeleien das Verständnis erleichtern.

Skalierungsfrage _____

Am Flipchart ist eine Frage oder ein Statement visualisiert. Darunter gibt es eine Skala, zum Beispiel von 1 bis 10. Die Lernenden erhalten Punkte und bringen mit ihrer Bewertung ihre Meinung zum Ausdruck.

Stress _____

Eine geringe Dosis Stress wirkt durch einen erhöhten Ausstoß von Adrenalin leistungsfördernd, zu viel Stress lernhemmend.

Striptease-Technik _____

Bei der Pinnwand kann Spannung erzeugt werden durch nicht sichtbare Karten, die im Laufe der Präsentation umgedreht werden. Beim Flipchart wird mit Schnitt- und Falttechnik die Spannung erzeugt, beim Beamer mit Animationen. Bei Folien durch Klappfolien, die übereinander liegen und ein Gesamtbild entwickeln.

Supervisoren _____

Beobachter eines Seminars, eines Rollenspiels oder eines Projektmeetings, die hinterher Feedback über den Lernprozess geben.

Sympathie-Forschung _____

Ergebnis: Sympathie hängt ab von gegenseitig wahrgenommenen Ähnlichkeiten zwischen zwei Menschen.

Synästhesie _____

Die gemeinsame Aktivierung oder Verbindung von verschiedenen Sinnen, wie zum Beispiel Farbe schmecken.

Synergien _____

Durch die Zusammenarbeit können Arbeits- oder Lernprozesse leichter werden.

Systemische Strukturaufstellungen _____

Eine Weiterentwicklung des Familien-Stellens.

Testing _____

Eine Überprüfung des Lernerfolges mit vier verschiedenen Fragen: Wissensabfragen, Verständnis-, Bewertungs-, Transfer-Fragen.

Träges Wissen _____

kann in Prüfungen abgefragt werden, kommt jedoch nicht oder nur selten in der Praxis zur Anwendung.

Trance _____

Eine geleitete Fantasiereise. Führt die Blickrichtung nach innen und ermöglicht Botschaften aus dem Unterbewusstsein zu empfangen (Tag-Traum).

Überforderung _____

Ganz entscheidend für die Lernmotivation und den Flow ist es, dass die gestellten Aufgaben die Lernenden weder über- noch unterfordern.

Unterbewusstsein _____

Seit Freud arbeiten Psychologen mit der Vorstellung, dass das Unterbewusstsein unser bewusstes Denken und Handeln beeinflusst.

Verantwortung _____

Nach der Definition von Hans Jonas (1988) muss, wer Verantwortung übernimmt, auch auf die Bedürfnisse seines Gegenübers antworten können.

Vorwärts-Rollenspiel _____

Rollenspiele können Rückwärts und Vorwärts gespielt werden. Rückwärts werden die Fehler aus der Vergangenheit nachgespielt. Vorwärts werden bessere Verläufe von Gesprächen bzw. neue Fähigkeiten bereits im Vorgriff auf die Zukunft gespielt.

Walt-Disney-Strategie _____

Walt Disney ließ jedes Projekt aus drei Blickwinkeln bearbeiten: aus der Perspektive des Träumers, des Realisten und des Kritikers.

WHID-Frage _____

Was habe ich davon? Lernmotivation entsteht durch das Erkennen eines persönlichen Nutzens.

Wiederholung _____

Der beste Zeitpunkt zum Wiederholen ist unmittelbar nach der Lernsequenz oder am nächsten Tag.

Wissen

ist ein sich ständig erweiterndes Gesamtbild an Kompetenzen und deren erfolgreiche Anwendung – wahrnehmbar im Denken, in der Kommunikation oder im Handeln.

Zielgruppen-Analyse

Umfasst den Kontext bzw. Arbeitsalltag der Zielgruppe, ihre Fähigkeiten, den Lernbedarf und die Potenziale sowie ihre Lernmotivation.

Zufallsprinzip

Die Aufteilung des Plenums in Kleingruppen erfolgt nach dem Zufallsprinzip mit Hilfe von Losen oder Abzählen ...

Zuruf-Frage

Der Dozent stellt am Flipchart eine offene Frage, zu der es viele Antworten gibt, und visualisiert die Beiträge der Lerner.

Stichwortregister

Literaturverzeichnis

Besser, Ralf: Transfer: Damit Seminare Früchte tragen. Strategien, Übungen und Methoden, die eine konkrete Umsetzung in die Praxis sichern. Beltz, Weinheim/Basel 2001.

Birkenbihl, Vera F.: Das «neue» Stroh im Kopf? Vom Gehirn-Besitzer zum Gehirn-Benutzer. mvg, Landsberg 1983.

Buchner, Christina: Touch for Health im Kopf und in der Tasche. VAK, Freiburg, 1996.

Buzan, Tony: Nichts vergessen: Kopftraining für ein Supergedächtnis. Goldmann, München 1984.

Covey, Stephen R./Merrill, A. Roger/Merrill, Rebecca R.: Der Weg zum Wesentlichen. Zeitmanagement der vierten Generation. Campus, Frankfurt/ New York 1997.

Dennison, Paul E./Dennison, Gail E.: Brain-Gym. Lehrerhandbuch. VAK, Freiburg im Breisgau 1991.

Dollinger, Manuela: Führen in eine(r) Lernkultur: Die Mitarbeiter-Chef-Beziehung als Reciprocal Management. Vahlen, München 1999.

Förder Gabriele/Neuenfeld, Gabriele: Kinesiologie. Leben mit ganzer Kraft/ Wohlbefinden durch Energiebalance/Positiv und wach durch den Alltag. Gräfe und Unzer, München 1999.

Grinder, Michael: NLP für Lehrer. Ein praxisorientiertes Arbeitsbuch. VAK, Freiburg 1991.

Grinder, Michael: Ohne viele Worte. Nonverbale Muster für erfolgreiches Unterrichten. VAK, Freiburg 1995.

Gudjons, Herbert: Pädagogisches Grundwissen. Überblick – Kompendium – Studienbuch. Klinkhardt, Bad Heilbrunn 1993.

Günther, Ullrich/Sperber, Wolfram: Handbuch für Kommunikations- und Verhaltenstrainer. Psychologische und organisatorische Durchführung von Trainingsseminaren. Ernst Reinhardt, München 1993.

Hülshoff, Friedhelm/Kaldewey, Rüdiger: Training. Rationeller lernen und arbeiten. Klett, Stuttgart 1976.

Knoll, Jörg: Kurs- und Seminarmethoden. Ein Trainingsbuch zur Gestaltung von Kursen und Seminaren, Arbeits- und Gesprächskreisen. Beltz, Weinheim/Basel 1991.

Lipp, Ulrich/Will, Hermann: Das große Workshop-Buch. Konzeption, Inszenierung und Moderation von Klausuren, Besprechungen und Seminaren. Weinheim, Beltz, Basel 1996.

O'Brien, Dominic: Der einfache Weg zum besseren Gedächtnis. nymphenburger, München 2000.

O'Connor, Joseph/Seymour, John: Weiterbildung auf neuem Kurs. NLP für Trainer, Referenten und Dozenten. VAK, Freiburg im Breisgau 1996.

Roth, Gerhard/Prinz, Wolfgang: Kopf-Arbeit. Gehirnfunktionen und kognitive Leistungen. Spektrum, Heidelberg/Berlin/Oxford 1996.

Schoefer, Liane U.: Qigong. Hilfen für den Alltag/Yin und Yang und das Meridiansystem, Atmung und Grundhaltung, Qigong- und Tai-Ji-Qigong-Übungen, Akupressur und Selbstmassage. Falken, Niedernhausen/Taunus 1994.

Sparrer, Insa/Varga von Kibéd, Matthias: Ganz im Gegenteil. Tetralemmaarbeit und andere Grundformen Systemischer Strukturaufstellung/Für Querdenker und solche, die es werden wollen. Carl-Auer-Systeme, Heidelberg 2000.

Weidenmann, Bernd: Erfolgreiche Kurse und Seminare. Professionelles Lernen mit Erwachsenen. Beltz, Weinheim/Basel 1995.

Weidenmann, Bernd: 100 Tipps & Tricks für Pinnwand und Flipchart. Beltz, Weinheim/Basel 2000.

Weidenmann, Bernd/Krapp, Andreas/Hofer, Manfred/Huber, Günter L./Mandl, Heinz: Pädagogische Psychologie. Beltz, Weinheim/Basel 1993.